정보 올림피아드 비전서 시리즈 2

Algorithm I

Algorithm I

제 1 판 1 쇄 | 2008 년 7 월 30 일
제 2 판 4 쇄 | 2016 년 3 월 15 일

지은이 | 하성욱
발행인 | 이기봉 **편집인** | 이광훈
펴낸곳 | 도서출판 좋은땅
주소 | 경기도 고양시 덕양구 동산동 376 삼송테크노밸리 B동 442호
편집문의 | 02-374-8616 구입문의 | 0505-337-7800
홈페이지 | www.soryang.com
등록번호 | 제 8-301 호
ISBN 978-89-93368-06-2

정가 14,000 원

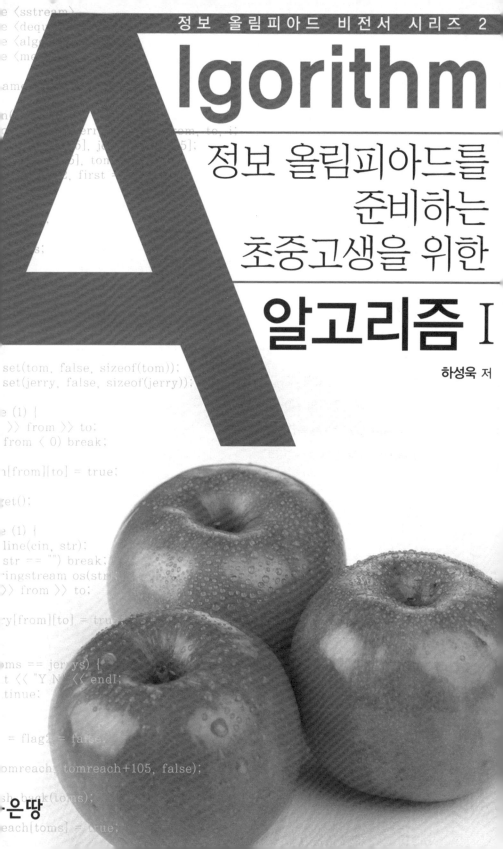

**C**ontents

Part4 Euler Path

Part5 Hamilton Circuit

Part6 MST

Part7 Floyd

머리말

자료구조와 알고리즘

정보 올림피아드 문제를 푸는데 있어서, 기본적인 프로그래밍을 익힌 후에는 수학적인 논리로 해결할 수 있는 문제들이 지역 본선의 쉬운 문제들과 전국 대회 1번 정도 수준이다. 더 어려운 문제를 풀려면 문제에 필요한 데이터를 효율적으로 저장하기 위한 자료 구조와 검증된 논리적 처리 절차인 알고리즘이 필요하다.

알고리즘이라는 용어는 아라비아의 유명한 수학자 "알콰리즈미(Alkhwarizmi)"로부터 따왔다고 한다.

자료구조는 국내 정보 올림피아드 지역 예선 필기에서 2~3 문제 정도의 이론적 지식을 물어보는 문제가 출제된다. 그러나, 실제 문제를 푸는데서는 방대한 자료구조의 전체적인 지식보다 구현에 효율적인 것들만 익히면 된다. 1998 년 새로 제정된 C++ 표준의 STL 에서는 효율적인 자료구조들이 이미 구현되어 제공되므로 필요한 자료구조는 문제에 따라서 필요 시점에 따라 강좌할 것이다. 자료구조의 이론적인 지식은 필기 대비용 교재에서 자세히 설명할 것이다. 메모리 제한 때문에 데이터를 저장하는데 가장 적합한 자료구조를 선택해야 한다.

이 책에서는 알고리즘을 중점을 두고 설명해갈 것이다. 실제 문제를 풀 때 어떤 식으로 적용되는지 해당 ACM 문제와 같이 풀이해나가겠다.

Part 1 기초기식

 Lesson1 메모리 제한

일반적으로 문제를 풀 때 주어지는 최대 N 의 크기는 문제 출제자가 적절하다고 생각한 알고리즘으로 해결할 때 필요한 메모리에 합당한 크기를 갖는다. 따라서, 자신의 생각한 방법으로 해결할 때 최대 N 으로 메모리가 잡히지 않는다면 잘못된 알고리즘일 가능성이 높다. VC 에서 int 형으로 1차원, 2차원, 3차원 배열을 잡을 수 있는 메모리 한계를 얼마인지 알아보자.

```cpp
#include <iostream>

using namespace std;

int main()
{
    int a[258257];

    cin >> a[0];

    return 0;
}
```

디버그 모드로 테스트할 때 스택 오버플로우가 나지 않는 최대 크기는 위의 코드와 같이 a[258257] 정도이다. 따라서, a[256000] 정도를 잡을 수 있다고 생각하자. 함수를 호출할 때 사용할 메모리나 나머지 변수도 메모리를 사용하니 여분의 메모리도 남겨둬야 한다. 만일 일차원 배열을 2 개 잡아야 한다면 a[128000] 로 잡아야 한다는 의미이다. 2차원 배열도 코드로 알아보자.

```
#include 〈iostream〉

using namespace std;

int main()
{
    int a[508][508];

    cin 〉〉 a[0][0];

    return 0;
}
```

2 차원 배열에서 잡을 수 있는 크기가 최대 a[508][508] 이다 따라서, 가까스로 a[500][500] 까지는 처리할 수 있을 정도이다. 2 차원에서는 N 이 500 이하 정도면 처리가 가능할 것이다. 3 차원도 코드를 통해서 알아보자.

```
#include 〈iostream〉

using namespace std;

int main()
{
    int a[63][63][63];

    cin 〉〉 a[0][0];

    return 0;
}
```

3 차원 에서는 최대 a[63][63][63] 까지 잡아서 처리할 수 있다. 물론 N 때문에 배열을 차원에 따라 잡을 수 있는 크기에 제한을 받지만, 처리하는 방식에 따라서는 메모리를 차지 하지 않고도 처리할 수 있다. 입력으로 정수가 100000000 개 입력되고 이들 중

최내값을 찾아서 출력한다고 하자. 이런 경우는 최대값을 구할 때 입력 받을 값을 굳지 저장해둘 필요가 없다. 따라서, 크기만큼 배열을 잡을 필요없이 변수 하나로 처리할 수 있다. 코드는 다음과 같다.

```cpp
#include <iostream>
#include <climits>

using namespace std;

int main()
{
    int a, max = INT_MIN;

    while (cin >> a) {
        if (a > max) max = a;
    }

    cout << max << endl;

    return 0;
}
```

위 코드는 정수 중의 최소값을 max 저장하기 위해서 <climits> 에 있는 INT_MIN 값을 사용하였다. 코드에서 보듯이 배열을 사용하지 않고도 방대한 데이터에서 최대값을 구할 수 있다. 따라서, 문제에서 주어지는 N 에 따라서 사용할 배열 등을 정하기 보다는 자신이 구현할 알고리즘에 맞는 배열로 메모리가 잡히는지가 관건이다. 메모리 제한과 알고리즘 선택은 여러 문제를 풀어서 얻는 경험적 지식으로 습득할 수 밖에 없다. 문제를 많이 풀다보면 저절로 감각이 쌓이게 될 것이다.

Lesson2 시간 복잡도

문제를 해결하는 시간을 처리하는데 주어진 데이터 N 에 비례해서 양적으로 표현하는 방법이 시간 복잡도이다.

기본적으로 for 나 while 같은 순환문이 한번 돌게 되면 N 번이 돌게 되는 것이다. 즉, 다음과 같은 코드이다.

```cpp
#include <iostream>

using namespace std;

int main()
{
    int n, i;

    cin >> n;

    for (i = 0; i < n; i++) cout << i << endl;

    return 0;
}
```

for 문 내부에 순환문이 있는 이중 for 문이라면 N^2 이 된다.

```cpp
#include <iostream>

using namespace std;

int main()
{
    int n, i, j, x;
```

```
cin >> n;

for (i = 0; i < n; i++) {
  for (j = 0; j < n; j++) x = i+j;
}

return 0;
}
```

즉, N 번이 다시 N 번을 돌게 되므로, N×N 이 된다. 3 중 for 라면 물론 N^3 이다.
다음은 정렬된 배열에서 반씩 쪼개가면서 데이터를 찾는 이진 검색 코드이다.

```
int bsearch(int a[], int n, int f)
{
    int left, right, mid;

    left = 0;
    right = n-1;

    while (left <= right) {
        mid = (left+right) / 2;
        if (a[mid] == f) return mid;

        if (a[mid] < f) left = mid+1;
        else right = mid-1;
    }

    return -1;
}
```

배열 구조를 통해서 알아보자.

1	3	5	8	11	12	14	19	23	25	29
left										right

초기에는 left 가 처음 원소, right 가 마지막 원소를 지정하게 된다. 8 을 찾는다고 해보자. 우선 mid 를 계산하면 다음과 같다.

1	3	5	8	11	12	14	19	23	25	29
left					mid					right

현재 a[mid] 보다 찾고자 하는 8 이 작으므로 right = mid−1 로 바꿔준다.

1	3	5	8	11	12	14	19	23	25	29
left				right						

다시 mid 를 계산하면 다음과 같다.

1	3	5	8	11	12	14	19	23	25	29
left		mid		right						

이번에는 a[mid] 보다 찾고자 하는 값이 크므로 left = mid+1 로 바꿔준다.

1	3	5	8	11	12	14	19	23	25	29
			left	right						

다시 mid 를 계산하면 left 하고 같은 위치가 된다.

1	3	5	8	11	12	14	19	23	25	29
			Left mid	right						

이번에는 찾고자하는 값과 같아지므로 찾은 값을 리턴한다. 실제로 찾은 회수는 3 번이 된다. 현재 데이터의 크기 N 은 11 이다 반으로 줄여나가므로 3 번으로 찾는다.

$$11/2 = 5/2 = 2$$

따라서, 이진 검색은 최악의 경우에 $\log_2 N$ 만에 찾게 된다. 시간을 측정할 때는 최선의 경우 B(Best), 평균 시간 A(Average), 최악의 경우 W(Worst), 전체 시간 T(Total) 중에 최악의 경우만 알고리즘을 논할 때 주로 얘기된다. 논문과 같은 학술지에서는 4 가지 시간이 더러 사용되지만, 알고리즘을 얘기할 때는 N 의 최대 크기가 들어왔을 때의 최악의 경우의 시간만 논한다. 정보 올림피아드에서는 문제마다 대체적으로 제한 시간이 주어진다. 제한 시간이 1 초라면 최대 크기의 N 으로 최악의 데이터가 들어와도 1 초 안에 통과 되어야 한다는 것이다. 보통 루틴이 50,000,000(5 천만) 개 정도가 돌아가면 1초 정도 걸린다. 따라서 자신의 루틴을 계산하는 방법을 알아야 한다.

```cpp
#include <iostream>

using namespace std;

int main()
{
    int n, i, j, x;

    cin >> n;

    for (i = 0; i < n; i++) {
        for (j = 0; j < n; j++) x = i+j;
    }

    return 0;
}
```

이전의 이중 for 를 도는 예제는 N 이 10000 이 들어오넌 시간이 얼마나 걸릴까? 대충 계산해보면 10000×10000 이므로 100,000,000 이 되어 2 초 정도 걸린다. 그럼 실제 시간을 한번 출력해보자.

```cpp
#include <iostream>
#include <windows.h>

using namespace std;

int main()
{
    int n, i, j, t, x;

    t = GetTickCount();
    cin >> n;

    for (i = 0; i < n; i++) {
        for (j = 0; j < n; j++) x = i+j;
    }

    cout << (GetTickCount()-t)/1000. << endl;

    return 0;
}
```

시간을 젤 때는 <windows.h> 의 GetTickCount() 를 사용할 수 있다. GetTickCount() 는 시스템이 시작된 이후 경과된 시간은 1/1000 초 단위로 알려준다. 따라서, 시작하기 전의 시간을 저장한 뒤에, 실행 후 시간에서 저장된 시작 시간을 빼면 흘러간 시간을 알아낼 수 있다. 1/1000 단위이므로 1000 이 1 초에 해당한다. 따라서, 1000 으로 나누어서 초로 환산하였다. 현재 컴퓨터에 로딩되어 있는 프로그램이 시간 쪼개서 실행되므로 실행할 때마다 시간은 조금씩 다를 것이다. 실행 결과는 2.25 초 정도가 나온다. 이론과 실제가 정확히 맞아 들어가지는 않지만 비슷하다.

알고리즘에서 시간을 나타낼 때는 O(n), Θ(n), ω(n), o(n) 등으로 시간을 계산한다. 4 가지 모두 나타내는 기준이 다른 계산법이다. 주로 최악의 경우로 얘기할 때는 O(n)으로 표시한다. 다음 코드는 시간을 어떻게 계산할까?

```cpp
#include <iostream>

using namespace std;

int bsearch(int a[], int n, int f);

int main()
{
    int n, i, j, a[10000];

    cin >> n;

    // N²
    for (i = 0; i < n; i++) {
        for (j = 0; j < n; j++) a[i*n+j] = i*n+j;
    }

    for (i = 0; i < n; i++) {
        // N * log₂N
        cout << bsearch(a, n, i*n+i) << endl;
    }

    return 0;
}

// log₂N
int bsearch(int a[], int n, int f)
{
    int left, right, mid;

    left = 0;
    right = n-1;
```

```
while (left <= right) {
    mid = (left+right) / 2;
    if (a[mid] == f) return mid;

    if (a[mid] > f) left = mid+1;
    else right = mid-1;
}

return -1;
}
```

$O(N^2 + Nlog_2N)$ 으로 표시해야 할까? $O(N)$ 은 걸리는 시간 중에서 가장 많이 걸리는 시간으로 표시한다. 따라서, $O(Nlog_2N)$ 을 무시할 수 없는 시간이지만 정확한 시간복잡도는 $O(N^2)$ 으로 표시해야 한다. 실제 대회에서는 무시할 수 없는 시간들까지 모두 계산해서 제한시간 내에 통과되도록 프로그램을 작성해야 한다.

Part 2 DFS

Lesson1 DFS

깊이 우선 탐색법(Depth First Search)은 백트래킹과 혼용하여 사용한다. 현재 과정을 수행하고 다시 거꾸로 되돌아 오는 구조로 이루어진다. 현재 문제에 대해 접근할 수 있는 여러 경우를 차례대로 탐색하는 방식으로, 순서상 먼저 탐색되는 경우만 먼저 내려가므로 해당하는 깊이를 우선으로 탐색하게 된다. 예를 들어, 100 원짜리 동전 2개를 차례대로 던질 때 나오는 모든 경우를 출력한다고 해보자.

위의 4 가지 경우는 앞면이 먼저 나온다고 처리하는 경우 앞면부터 처리하기 때문에 위와 같이 나오게 된다. 그러나, 뒷면부터 먼저 처리한다면 위의 순서가 뒤에서 앞으로 반대가 될 것이다. 따라서, DFS 는 여러 경우 중 먼저 처리되는 경우부터 가장 마지막까지 검색하게 된다. 위의 경우에서는 앞면 다음에 두 번째 동전도 앞면이 나오는게 첫 번째 해가 된다. 트리로 구성하면 다음과 같다.

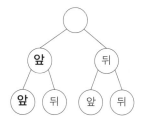

첫 번째 상태는 상단에 있는 루트가 된다. 첫 번째 동전은 두 번째 줄의 상태로 앞, 뒤로 표시된다. 현재 상태에서는 2 가지로 나눠지게 된다. 먼저 "앞앞"을 방문하게 되면 굵은 글자의 노드로 방문한 것이다. 실제 프로그래밍에서는 트리 구조를 구현하지는 않지만, 그림상으로 방문하는 모든 경우를 트리와 같이 나타낼 수 있다. 동전 던지기에 대한 코드는 다음과 같다.

```cpp
#include <iostream>

using namespace std;

// 동전 개수

int num = 2;
int c[2];

void coin(int n)
{
  int i;

  // 동전을 모두 채운 경우
  if (n == num) {
    // 현재 동전 상태 출력
    for (i = 0; i < num; i++) {
      if (c[i] == 1) cout << "앞";
      else cout << "뒤";
    }
    cout << endl;
```

```
    // 출력한 뒤 더 이상 동전을 넣지 않고 리턴
    return;
  }

  // 동전을 앞면은 1, 뒷면은 2 로 차례대로 한번씩 채운다.
  for (i = 1; i <= 2; i++) {
    c[n] = i;

    // 다음 동전 n+1 번으로 재귀 호출
    coin(n+1);
  }
}

int main()
{
  coin(0);

  return 0;
}
```

DFS 는 주로 재귀호출로 구현하게 된다. 물론, 배열을 큐와 같이 구현하면서 할 수 있으나 DFS 로 풀 수 있는 문제 자체는 시간이 충분하거나, 데이터가 1초 내에 처리할 정도로 작거나, 중단 조건이 명확한 문제들이기 때문에 재귀호출로 구현하게 된다. 따라서, 문제에 DFS 를 적용하기 위해서는 시간 복잡도를 계산하여 충분히 돌아가는 경우는 DFS 로 문제를 해결할 수 있다.

Lesson2 모든 경로의 개수

출발점에서 도착점으로 오는 모든 경로의 개수를 출력하는 문제를 살펴보자. 아래 데이터에서 좌측 상단이 (0,0) 이고, 우측 하단이 (4,4) 인 5×5 짜리 배열을 살펴보자.

1	1	1	0	0
0	0	1	1	1
1	1	1	0	1
1	0	0	0	1
1	1	1	1	1

위에서 시작점이 (0, 0) 이고, 도착점이 (4, 4) 일 경우는 아래와 같이 2 가지의 경로가
존재한다.

1	1	1	0	0
0	0	1	1	1
1	1	1	0	1
1	0	0	0	1
1	1	1	1	1

첫 번째 경로

1	1	1	0	0
0	0	1	1	1
1	1	1	0	1
1	0	0	0	1
1	1	1	1	1

두 번째 경로

한 점에서는 사방으로 검색을 해야 한다.

x	1	x
1	1	1
x	1	x

위와 같이 가운데 정점에서는 상하좌우로 검색해야 한다. 사방으로 검색 시 외부로
넘어가는지에 대한 검사가 필요하다.

1	1	1	0	0
0	0	1	1	1
1	1	1	0	1
1	0	0	0	1
1	1	1	1	1

위 표에서는 상단의 점들이 더 위로 올라가지 못하는 경우이다. 즉, $y == 0$ 인 경우다. 따라서, $y > 0$ 경우만 위로 올라갈 수 있다. 다음으로는 현재 점을 탐색한 경우, 다시 탐색하러 돌아오지 못하도록 데이터를 변환해주어야 한다. 다른 배열을 사용하여 이미 탐색하였는지를 검사할 수 있지만, 현재 표만큼의 배열크기가 필요하므로 메모리를 낭비하게 된다. 사방으로 연결된 경로를 찾을 때 현재 점으로부터 1로 연결된 점을 찾게 되므로, 자신의 점을 0으로 변환시켜 버리면, 다시 탐색을 반복하지 않게 된다.

1	1

위와 같이 왼쪽 점에서 1로 연결된 점을 찾을 때 오른쪽으로 탐색 지점을 옮기게 된다. 이때 자신을 0으로 바꾸게 된다.

0	1

위와 같이 바뀐 경우는 오른쪽 지점에서 1로 연결된 점을 찾을 때 왼쪽 점이 탐색되지 않는다. 입력 데이터가 다음과 같이 구성되었다고 하자.

```
5
1 1 1 0 0
0 0 1 1 1
1 1 1 0 1
1 0 0 0 1
1 1 1 1 1
```

이 입력 데이터는 n 이 5 인 데이터이다. 이 데이터에서 (0, 0) 지점에서 (n-1, n-1) 지점까지 탐색하는 모든 경로를 구하는 코드는 다음과 같다.

```cpp
#include <iostream>

using namespace std;

int n, cnt;
int a[5][5];

void DFS(int y, int x)
{
    // 마지막 위치에 도달하면 경로 개수 1 증가, 종료 조건
    if (y == n-1 && x == n-1) {
        cnt++;
        return;
    }

    // 다시 방문하지 않도록 0 으로 임시적으로 바꿈
    a[y][x] = 0;

    // 위쪽으로 방문
    if (y > 0   && a[y-1][x] == 1) DFS(y-1, x);
    // 아래쪽으로 방문
    if (y < n-1 && a[y+1][x] == 1) DFS(y+1, x);
    // 왼쪽으로 방문
    if (x > 0   && a[y][x-1] == 1) DFS(y, x-1);
    // 오른쪽으로 방문
    if (x < n-1 && a[y][x+1] == 1) DFS(y, x+1);

    // 1 로 다시 복원
    a[y][x] = 1;
}

int main()
{
    cin >> n;

    int i, j;
```

```
for (i = 0; i < n; i++) {
    for (j = 0; j < n; j++) cin >> a[i][j];
}

DFS(0, 0);

cout << cnt << endl;

return 0;
}
```

Lesson3 최단 경로의 길이

출발점에서 도착점으로 오는 모든 경로 중 최단 경로의 길이를 출력하는 문제를
살펴보자. 아래 데이터에서 좌측 상단이 (0,0) 이고, 우측 하단이 (4,4) 인 5×5 짜리
배열을 살펴보자.

1	1	1	0	0
0	0	1	1	1
1	1	1	0	1
1	0	0	0	1
1	1	1	1	1

위 데이터에서는 두 가지의 경로가 가능하며, 가장 짧은 경로의 길이는 9 가 된다. 모든
경로의 개수를 출력하는 DFS 코드를 수정하면 최단 경로의 길이를 구할 수 있다. 한번
구현해보기 바랍니다. 이제 DFS 를 활용하여 실전 문제를 풀어보자.

Lesson4 UVA301 수송업

루라타냐는 최근 자본주의를 받아들였으며, 운송을 포함한 많은 분야에 새로운 기업 활동이 시작되고 있다. 운송 회사인 트랜스 루라타냐는 A 도시에서 B 도시 간의 철도역을 거치는 새로운 철도 사업을 시작하였다. 철도역은 A 도시의 역을 0 번으로 하여 B 도시 m 번째까지 순차적으로 번호가 붙여졌다. 이 회사는 고객 수송 능력을 향상시켜 이익을 증대시키기 위해 한가지 시도를 시작했다. 기차는 최대 n 명의 고객을 수송한다. 기차표의 가격은 출발역과 도착역 사이의 정차역의 개수와 같다. 여기서 정차역의 개수는 도착역을 포함한다. A 도시에서 출발하기 전에, 전체 역의 기차표 판매량이 집계된다. S 기차역의 기차표 판매량은 S 역에서 도달하는 도착역의 모든 예매 기차표를 의미한다. 좌석이 제한되어 있으므로 모든 주문을 다 받아들일 수는 없는 경우에, 예약 철회 정책은 한 도착역의 주문량 전체가 예약되던지 주문량 전체가 예약 철회가 되던지 둘 중 하나가 되도록 한다.

A 도시에서 B 로 가는 주문 내역중에서 트랜스 루라타냐 회사에 가장 큰 이익이 되는 주문량을 선택하는 프로그램을 작성해야 한다. 이익금은 주문에 포함된 고객의 수와 기차표의 가격의 곱으로 계산된다. 전체 이익금은 모든 주문량의 이익금 합계이다.

입력

입력 파일은 여러 테스트 데이터로 구성된다. 각 테스트 데이터의 첫 번째 줄은 고객 수송 제한 수 n, B 도시의 정차역 개수, 정차역의 기차표 주문 개수로 구성된 3 개의 정수로 이루어진다. 다음 주문량의 개수만큼 기차표 주문량이 한 줄씩 입력된다. 각 기차표 주문량은 출발역, 도착역, 승객수를 나타내는 3 개의 정수로 구성된다. 한 블럭에는 최대 22 개의 주문이 존재할 수 있다. B 도시의 정차역은 최대 7 개를 갖는다. 블럭에 처음 입력되는 3 개의 정수가 모두 0 이면 입력 파일이 끝난다.

출력

입력 종료를 나타내는 블럭을 제외한 모든 블럭에 대해 한 줄씩 결과를 출력한다. 각 줄에는 최대 이익금을 출력한다.

입력 예제

```
10 3 4
0 2 1
1 3 5
1 2 7
2 3 10
10 5 4
3 5 10
2 4 9
0 2 5
2 5 8
0 0 0
```

출력 예제

```
19
34
```

메모장

풀이

이 문제는 단순히 시작 역부터 도착역 사이에 주문량을 선택하거나 선택하지 않는 두 가지 경우를 차례대로 처리한다. 선택을 할 때는 예약시 중간에 방문하는 모든 좌석이 예매 가능한지를 체크해야 한다.

DFS는 현재 처리를 위해 데이터를 수정한 경우 복원을 해야하는 경우와 하지 않는 경우가 있다. 이 문제는 원래의 데이터로 복원해주어야 한다. 코드는 다음과 같다.

```cpp
#include <iostream>

using namespace std;

int from[22], to[22], people[22];
int mx, cap[8], sum, orders;

void DFS(int now);

int main()
{
  int i;
  int capacity, station;

  while(cin >> capacity >> station >> orders) {
    if (capacity == 0 && station == 0 && orders == 0)  break;

    mx = 0;
    for (i = 0; i < orders; i++) {
      cin >> from[i] >> to[i] >> people[i];
    }
    for (i = 0; i <= station; i++) cap[i] = capacity;
    sum = 0;
    DFS(0);
```

```
      cout << mx << endl;
  }

  return 0;
}

void DFS(int now)
{
  int i;
  bool flag;

  // 마지막 역에 도달하면
  if (now == orders) {
    // 최대 이익금을 갱신한다.
    if (sum > mx) mx = sum;
  }
  else {
    flag = false;

    // 좌석 예약이 가능한지를 전 역에 대해서 검사한다.
    for (i = from[now]; i < to[now]; i++) {
      // 한 곳이라도 현재 예약할 사람수보다 작은 좌석이면 취소
      if (cap[i] < people[now]) flag = true;
    }

    // 좌석 예약이 가능한 경우 예약을 하는 경우와
    if (!flag) {
      // 거치는 모든 역에 좌석수를 줄여준다.
      for (i = from[now]; i < to[now]; i++) cap[i] -= people[now];

      // 이익금을 더해준다.
      sum += people[now]*(to[now] - from[now]);

      // 다음 주문량을 DFS 로 호출
      DFS(now+1);

      // 원래 데이터로 복원을 위해서 좌석수와 이익금을
```

```
    // 원래대로 복원한다.
    for (i = from[now]; i < to[now]; i++) cap[i] += people[now];
    sum -= people[now]*(to[now] - from[now]);
  }
  // 예약을 하지 않는 경우로 2 가지로 반복한다.
  // 이 경우는 좌석과 이이금이 변화가 없으므로
  // 그냥 DFS 를 호출한다.
  DFS(now+1);
 }
}
```

Lesson5 UVA524 소수고리

고리는 아래 그림처럼 짝수 n 개의 원으로 구성된다. 각 원에는 자연수 1, 2, ..., n
번호가 붙어있으며, 인접한 두 원의 합은 소수가 되어야 한다.

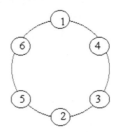

주의: 첫 번째 원의 번호는 무조건 1 이 되어야 한다.

 입력

n (0 < n <= 16)

출력

출력 형식은 출력 예제를 참고하여라. 각 줄에는 1부터 시작하는 시계와 반시계 방향의 번호들로 구성된다. 번호의 순서는 위에서 제시한 규칙을 만족해야 한다.

 입력 예제

```
6
8
```

 출력 예제

```
Case 1:
1 4 3 2 5 6
1 6 5 2 3 4

Case 2:
1 2 3 8 5 6 7 4
1 2 5 8 3 4 7 6
1 4 7 6 5 8 3 2
1 6 7 4 3 8 5 2
```

풀이

데이터가 16 이하의 값으로 들어오므로 두 수가 더해진 최대 수는 31 이다. 따라서, 31 이하의 소수를 간단히 "에라스토테네스의 체"로 구해준다. 첫 번째 수 1을 배열에 집어 넣고, 나머지 수들은 차례대로 더해주면 이전 수와의 합이 소수인 경우 배열에 넣고 다음 수를 다시 집어넣는다.

1	2				

1 다음에 수 2를 넣어서 소수 3 이 되므로 다음으로 넘어간다.

1	2	3			

다음에 넣을 수 있는 수 3 을 넣어서 이전수와 합이 5 이므로 소수이다. 따라서, 다음으로 넘어간다.

1	2	3	4		

4를 넣어서 이전 수와의 합이 7 이 되어 소수이다. 다음 단계로 넘어간다.

1	2	3	4	5	

5를 넣게 되면, 이전 수와의 합이 9 가 되어 소수가 아니므로, 다음 수로 숫자를 바꾼다.

1	2	3	4	6	

6 을 넣어도 소수가 되지 못한다. 따라서, 다음 수를 넣어야 하는데 마지막 수이므로 이전 단계로 돌아가서 다음 수를 넣도록 한다.

1	2	3	5		

5 를 넣어도 이전 수와의 합이 소수가 되지 못하므로, 다음 수를 넣는다. 이런 식으로 숫자를 차례대로 합이 소수가 되도록 하나씩 넣으면서 전체 채워진 개수가 n 개가 될 때 출력하도록 한다. 주의할 점은 마지막 숫자와 첫 번째 수 1 의 합도 소수가 되어야 한다는 점이다.

DFS 를 사용할 때, 차례대로 숫자를 넣었다가 다음 수를 넣어야 하므로 사용한 수를 다시 사용할 수 있도록 복원하는 과정이 필요하다.

```cpp
#include <iostream>

using namespace std;

int n, cnt, pre[20];
bool isprime[32] = {true, true,}, digit[20];

void DFS(int del);

int main()
{
  int i, j, cases = 1;

  // 최대 16+15 인 경우가 31 이므로 31 이하의 소수를
  // 에라토스테네스의 체를 구하는 방법으로 구한다.
  for (i = 2; i < 16; i++) {
    if (!isprime[i]) {
      // 현재 수가 소수가 되면 그의 배수들은 소수가
      // 아닌 것으로 체크
      for (j = 2; i*j < 32; j++) isprime[i*j] = true;
    }
  }

  while (cin >> n) {
    if (cases > 1) cout << endl;
    cout << "Case " << cases++ << ":" << endl;
```

```cpp
    // 사용할 수 있는 숫자를 세팅
    for (i = 0; i < n; i++) digit[i] = true;

    // 첫 번째 수 1 을 집어 넣는다.
    cnt = 1;
    pre[0] = 1;

    // DFS 호출
    DFS(0);
  }

  return 0;
}

void DFS(int del)
{
  int i;

  // 현재 수를 사용하지 못하는 수로 체크
  digit[del] = false;

  for (i = 1; i < n; i++) {
    // 사용하지 않은 수인 경우
    if (digit[i]) {
      // 이전의 수 pre[cnt-1] 과 현재의 수를 더한 값이
      // 소수가 아닌 경우 다음 수로 넘어간다.
      if (isprime[i+1+pre[cnt-1]]) continue;

      // 현재 수를 배열에 저장
      pre[cnt++] = i+1;

      // 저장된 개수가 n 개가 되면
      if (cnt == n) {
        // 마지막 수 + 첫 번째 수 1 도 소수인 경우 출력한다.
        if (!isprime[pre[cnt-1]+1]) {
          for (j = 0; j < n-1; j++) cout << pre[j] << " ";
          cout << pre[n-1] << endl;
```

```
        }
      }
      // 아직 n 개가 안된 경우 DFS 로 다음 순서의 수를 방문한다.
      else DFS(i);

      // 배열 위치도 복원한다.
      cnt--;
    }
  }

  // 다시 사용할 수 있는 수로 복원
  digit[del] = true;
}
```

DFS 와 관련된 두 개의 문제를 통해서 유형을 충분히 파악하기 바란다.

Part 3 BFS

Lesson1 BFS

BFS (Breadth First Search : 너비 우선 탐색)는 같은 깊이의 해를 동일한 레벨에서 접근해가는 탐색 방법이다. BFS 는 주로 배열을 큐 형식으로 사용해서 구현한다. 큐에 넣어서 차례대로 사용하면 동일한 레벨의 값이 동시에 방문하게 되는 것이다. DFS 로 해결할 수 있는 대부분의 문제는 BFS 로 해결가능하며, DFS 로 시간 초과되는 솔루션을 BFS 로 통과시킬 수 있다.

Lesson2 경로의 최단 길이

출발점에서 도착점으로 오는 모든 경로중 길이가 최소인 길이를 출력하는 문제를 살펴보자. 아래 데이터에서 좌측 상단이 (0,0) 이고, 우측 하단이 (4,4) 인 5×5 짜리 배열을 살펴보자.

1	1	1	0	0
0	0	1	1	1
1	1	1	0	1
1	0	0	0	1
1	1	1	1	1

위에서 시작점이 (0, 0) 이고, 도착점이 (4, 4) 일 경우는 아래와 같이 2 가지의 경로가 존재한다. 두 경로 중 더 짧은 경로의 길이를 구해야 한다.

1	1	1	0	0
0	0	1	1	1
1	1	1	0	1
1	0	0	0	1
1	1	1	1	1

첫 번째 경로

1	1	1	0	0
0	0	1	1	1
1	1	1	0	1
1	0	0	0	1
1	1	1	1	1

두 번째 경로

물론, DFS 로도 두 경로를 구한 다음 더 짧은 경로를 저장해갈 수 있지만, BFS 로 구현하여 더 짧은 레벨에서 중단될 수 있으며 멈추도록 한다.

S	▽														
X	0	1													
Y	0	0													
L	1	2													

BFS 로 방문할 때, 위의 표를 이용해보자. 위의 표는, X, Y 좌표와 길이를 나타내는 L 배열로 구성된다. 처음에는 시작좌표와 현재까지의 길이 1 이 저장된다. 상단의 S 는 방문하는 순서를 나타낼 것이다. 우선, 0 인덱스의 좌표 x[0], y[0] 에서는 방문할 수 있는 경로가 (1, 0) 으로 방문하게 된다. 따라서, 위와 같이 1, 0, 2 가 추가된다. 이때, 길이는 1 에서 하나가 더 늘어 2 가 된다.

S				▽											
X	0	1	2	2	3	2									
Y	0	0	0	1	1	2									
L	1	2	3	4	5	5									

위와 같이 네 번째 길에서는 두 길로 나뉘어진다. (2, 1) 에서는 (3, 1) 과 (2, 2) 가 추가된다. 다시 차례대로 방문하게 되면, (3, 1) 다음에 (2, 2) 가 방문된다.

1	1	1	0	0
0	0	1	1	1
1	1	1	0	1
1	0	0	0	1
1	1	1	1	1

DFS 였다면, 위의 표에서 (3, 1) 에서 (4, 1) 로 가야 한다. 그러나, 배열로 구현하는 BFS 순서상 (3, 1) 다음에 (2, 2) 를 방문해 레벨 순위가 같은 것들은 다음 레벨 보다 먼저 방문되는 것을 보장한다. 위의 표에서 방문하는 순서를 다시 트리로 나타내면 다음과 같다.

트리에서 보면 같은 레벨의 좌표들은 다른 레벨의 좌표보다 먼저 방문되지 않아야 한다. 따라서, 3,1 과 2,2 는 레벨 4 가 된다.

S												▽	
X	0	1	2	2	3	2	4	1	4	0	4	0	**4**	0
Y	0	0	0	1	1	2	1	2	2	2	3	3	**4**	4
L	1	2	3	4	5	5	6	6	7	7	8	8	**9**	9

4. 4 에 해당하는 마지막 좌표가 가장 먼저 나왔을 때의 길이가 최단 경로의 길이가 된다. 위의 표에서는 길이 9 가 최단 경로의 길이이다.

입력 데이터가 다음과 같이 구성되었다고 하자.

```
5
1 1 1 0 0
0 0 1 1 1
1 1 1 0 1
1 0 0 0 1
1 1 1 1 1
```

이 입력 데이터는 n 이 5 인 데이터이다. BFS 를 사용하기 위해서는 큐를 구현해야 한다. 큐는 일반 배열을 큐 형식으로 사용할 수 있는데, 일반 배열을 사용하는 경우 원형 큐로 구현하지 않는 이상은 사용한 위치의 원소들은 해제되지 않고 남아 있으므로 점점 뒤의 값을 사용하면 할수록 메모리를 많이 사용하게 된다. 일단 배열을 통해 구현한 코드를 살펴보자. 입력 데이터에서 (0, 0) 지점에서 (n-1, n-1) 지점까지 탐색하는 최단 경로를 구하는 BFS 코드는 다음과 같다.

```cpp
#include <iostream>

using namespace std;

int n, cnt;
int a[5][5];
int y[25], x[25], l[25];

// 배열에 x, y 좌표와 길이 삽입
void push(int xx, int yy, int ll)
{
    x[cnt] = xx;
    y[cnt] = yy;
    l[cnt] = ll;
```

```
  cnt++;
}

void BFS()
{
  int pos;

  y[0] = 0;
  x[0] = 0;
  l[0] = 1;
  pos = 0;
  cnt = 1;

  // 마지막 좌표 n-1, n-1 에 도달하지 않은 동안 반복
  while (pos < cnt && (x[pos] != n-1 || y[pos] != n-1)) {
    // 현재 방문하는 노드를 0 으로 하여 다시 방문하지 않도록 한다.
    a[y[pos]][x[pos]] = 0;

    // 상하좌우 사방으로 갈 수 있는 좌표 삽입
    if (y[pos] > 0 && a[y[pos]-1][x[pos]] == 1)
      push(x[pos], y[pos]-1, l[pos]+1);
    if (y[pos] < n-1 && a[y[pos]+1][x[pos]] == 1)
      push(x[pos], y[pos]+1, l[pos]+1);
    if (x[pos] > 0 && a[y[pos]][x[pos]-1] == 1)
      push(x[pos]-1, y[pos], l[pos]+1);
    if (x[pos] < n-1 && a[y[pos]][x[pos]+1] == 1)
      push(x[pos]+1, y[pos], l[pos]+1);

    // 큐에서 다음 순서의 좌표 방문
    pos++;
  }

  // 마지막에 도달된 경우만 출력한다.
  if (pos < cnt) cout << l[pos] << endl;
}

int main()
```

```
{
  cin >> n;

  int i, j;

  for (i = 0; i < n; i++) {
    for (j = 0; j < n; j++) cin >> a[i][j];
  }

  BFS();

  return 0;
}
```

배열을 사용하지 않고, 큐 형식을 사용할 수 있는 덱(deck)에 대해서 알아보자. 큐와 떨어질 수 없는 구조가 스택인데 스택은 주로 벡터(vector)를 사용한다. 덱과 벡터는 컨테이너라고 한다. 이 두 가지 컨테이너에 대해서 알아보자.

Lesson3 컨테이너

컨테이너 차량을 한번 본적이 있을 것이다. 그 컨테이너에는 무슨 물건이든 적재되기만 하면 차량에 싣고, 내리고, 배에 실어서 외국으로 수출하거나 수입하는 모든 일련의 동작이 일어난다. C++ 에서도 안에 내용물이 무엇이 되든지 간에 삭제하거나 삽입, 정렬 등의 기본적인 연산을 구현해 둔 것들이 컨테이너 들이다.

컨테이너에서 제공하는 기본 연산들은 다음과 같다.

연산	동작
size()	현재 원소의 개수를 알려준다.
empty()	컨테이너가 비었는지 알려준다.

begin()	첫 번째 원소의 위치를 알려준다.
end()	마지막 원소 다음 위치를 알려준다.
rbegin()	역방향의 첫 번째 원소 위치, 즉 마지막 원소의 위치를 알려준다.
rend()	역방향의 마지막 원소 다음인 첫 번째 원소 앞의 위치를 알려준다.
insert(pos, elem)	pos 위치에 elem 원소를 삽입한다.
erase(beg, end)	beg 부터 end-1 까지 원소를 지운다.
clear()	모든 원소를 제거한다.

다른 연산들도 있지만, 주로 쓰이는 것들만 나열한 것이다. 컨테이너의 첫 번째 원소의 위치는 begin() 이라는 함수를 사용해서 알아내며, 마지막 원소의 위치는 end() 라는 함수를 통해서 알아내야 한다. 마지막 원소의 위치는 실제로 "end()-1"과 같다. 컨테이너들은 begin() 과 end() 를 사용해서 효율적인 연산을 수행하게 된다. 기본 연산들은 어느 컨테이너나 제공하는 것들이다. 이제 벡터, 덱, 리스트, 맵 등의 여러 컨테이너 중 벡터와 덱에 대해서만 알아보자.

Lesson4 Vector

벡터는 원소를 뒤에 넣었다가 뒤에서 빼는 구조로 되어 있다. 그림으로 표현하면 다음과 같다.

					←
					→

앞쪽에는 막혀있어서 원소를 넣을 수가 없다. 뒤쪽으로 원소를 집어 넣고 빼는 함수가 제공된다. 물론, 컨테이너 기본 연산이 insert 를 활용하여 처음이나 중간에 원소를

삽입할 수는 있다. 벡터를 사용하려면 〈vector〉 를 #include 해야 한다. 컨테이너의
기본 연산 외에 벡터에서 제공되는 연산은 다음과 같다.

연산	동작
vector c	빈 벡터 생성
vector c(c1)	c1 벡터의 원소를 복사하면서 생성
vector c(n)	n 개의 원소를 생성
vector c(n, elem)	n 개의 원소를 elem 값으로 초기화하면서 생성
vector c(beg, end)	beg 부터 end−1 까지의 원소를 복사하면서 생성
c.reserve(n)	n 개의 용량으로 미리 메모리를 할당하여 예약
swap(c1, c2)	c1 과 c2 를 교환
c.at(idx)	idx 위치의 원소를 얻어온다. 범위 벗어나면 에러 발생
c[idx]	idx 위치의 원소를 얻어온다. 범위 검사 하지 않는다.
c.front()	첫 번째 원소
c.back()	마지막 원소
c.push_back(elem)	마지막에 elem 을 추가
c.pop_back(elem)	마지막 원소를 제거
c.resize(n)	벡터 크기를 n 으로 변경한다.
c.resize(n, elem)	이전 크기보다 늘어나면, 늘어나는 것만 elem 으로 초기화하면서 크기를 n 으로 변경한다.

벡터는 뒤에서 넣었다가 빼기 때문에 다음 그림과 같이 옆으로 세워서 생각하면 스택이
된다.

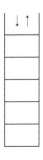

스택에서 집어 넣은 것은 push_back() 에 해당하며, 빼는 것은 pop_back() 에 해당한다.
벡터 예제 코드를 살펴보자.

```cpp
#include <iostream>
#include <vector>
#include <string>

using namespace std;

int main()
{
    int i;

    // 문자열을 원소로 사용하는 벡터
    vector<string> ss;

    // 원소 개수 5 개로 예약
    ss.reserve(5);

    // 데이터 마지막에 삽입
    ss.push_back("May");
    ss.push_back("I");
    ss.push_back("help");
    ss.push_back("you");
    ss.push_back("?");

    // 배열처럼 사용한다.
    for(i = 0; i < ss.size(); ++i) cout << ss[i] << " ";
    cout << endl;

    // 하나를 삭제한다.
    ss.pop_back();

    // 2 개를 더 삽입한다.
    ss.push_back("...");
```

```
    ss.push_back("^_^");

    for(i = 0; i < ss.size(); ++i) cout << ss[i] << " ";
    cout << endl;

    // 첫 번째 원소와 마지막 원소 출력
    cout << ss.front() << " " << ss.back() << endl;

    return 0;
}
```

C++ 에서는 스택도 제공하지만 벡터보다 많이 불편하기 때문에 벡터를 스택 대신 사용할 수 있다. 벡터는 배열처럼 사용할 수도 있기 때문에, 우리는 스택을 구현하지 않고도 사용할 수 있다. 이제 큐 대신 사용할 수 있는 덱에 대해서 알아보자.

Lesson5 deque

벡터는 뒤에서만 추가하고 삭제할 수 있지만, 덱은 앞과 뒤 모두 추가와 삭제가 가능하다. 그림으로 표현하면 다음과 같다.

덱은 <deque> 를 #include 하고 사용해야 한다. 컨테이너 기본 연산 외에 덱 연산은 다음과 같다.

연산	동작
deque c	빈 덱 생성
deque c(c1)	c1 덱의 원소를 복사하면서 생성

deque c(n)	n 개의 원소를 생성
deque c(n, elem)	n 개의 원소를 elem 값으로 초기화하면서 생성
deque c(beg, end)	beg 부터 end-1 까지의 원소를 복사하면서 생성
swap(c1, c2)	c1 과 c2 를 교환
c.at(idx)	idx 위치의 원소를 얻어온다. 범위 벗어나면 에러 발생
c[idx]	idx 위치의 원소를 얻어온다. 범위 검사 하지 않는다.
c.front()	첫 번째 원소
c.back()	마지막 원소
c.push_back(elem)	마지막에 elem 을 추가
c.pop_back(elem)	마지막 원소를 제거
c.push_front(elem)	처음에 elem 을 추가
c.pop_front()	첫 번째 원소 제거
c.resize(n)	벡터 크기를 n 으로 변경한다.
c.resize(n, elem)	이전 크기보다 늘어나면, 늘어나는 것만 elem 으로 초기화하면서 크기를 n 으로 변경한다.

덱은 앞 뒤로 늘어나기 때문에 메모리를 미리 예약할 수 없다. 따라서, 벡터에서는 제공되는 reserve() 함수가 제공되지 않는다. 벡터와 달리 앞에 추가하고 삭제하는 push_front() 와 pop_front() 함수가 제공된다. 따라서, 큐에서 삽입할 때는 push_back() 을 사용하고, 삭제할 때는 pop_front() 를 사용하여 구현할 수 있다. 삭제되면 자동으로 메모리가 관리되므로 메모리가 낭비되지 않는다. 덱을 사용한 예제를 살펴보자.

```cpp
#include <iostream>
#include <deque>
#include <string>

using namespace std;

int main()
{
    int i;
```

```cpp
    // 문자열을 원소로 사용하는 덱
    deque<string> ss;

    // 데이터 마지막에 삽입
    ss.push_back("May");
    ss.push_back("I");
    ss.push_back("help");
    ss.push_back("you");
    ss.push_back("?");

    // 배열식으로 출력
    for (i = 0; i < ss.size(); i++) cout << ss[i] << " ";
    cout << endl;

    // 하나를 삭제한다.
    ss.pop_back(); // 뒤쪽에서
    ss.pop_front(); // 앞쪽에서

    // 2개를 앞쪽에 삽입한다.
    ss.push_front("...");
    ss.push_front("^_^");

    // 배열식으로 출력
    for (i = 0; i < ss.size(); i++) cout << ss[i] << " ";
    cout << endl;

    return 0;
}
```

Lesson6 Deque 을 활용한 BFS

이전에 최단 경로를 찾아내는 문제를 다시 BFS 로 구현해보자.

```
5
1 1 1 0 0
0 0 1 1 1
1 1 1 0 1
1 0 0 0 1
1 1 1 1 1
```

이전 입력 데이터이다. 덱을 활용하여 (0, 0) 에서 (4, 4) 로 오는 최단 경로를 찾는
코드는 다음과 같다.

```
#include <iostream>
#include <deque>

using namespace std;

int n;
int a[5][5];

void BFS()
{
  deque<int> y, x, l;

  y.push_back(0);
  x.push_back(0);
  l.push_back(1);

  // 마지막 좌표 n-1, n-1 에 도달하지 않은 동안 반복
  while (!x.empty() && (x.front()!= n-1 || y.front() != n-1)) {
```

```
    // 현재 방문하는 노드를 0 으로 하여 다시 방문하지 않도록 한다.
    a[y.front()][x.front()] = 0;

    // 상하좌우 사방으로 갈 수 있는 좌표 삽입
    if (y.front() > 0 && a[y.front()-1][x.front()] == 1) {
      x.push_back(x.front());
      y.push_back(y.front()-1);
      l.push_back(l.front()+1);
    }
    if (y.front() < n-1 && a[y.front()+1][x.front()] == 1) {
      x.push_back(x.front());
      y.push_back(y.front()+1);
      l.push_back(l.front()+1);
    }
    if (x.front() > 0 && a[y.front()][x.front()-1] == 1) {
      x.push_back(x.front()-1);
      y.push_back(y.front());
      l.push_back(l.front()+1);
    }
    if (x.front() < n-1 && a[y.front()][x.front()+1] == 1) {
      x.push_back(x.front()+1);
      y.push_back(y.front());
      l.push_back(l.front()+1);
    }

    // 큐에서 현재 사용한 좌표 제거
    x.pop_front();
    y.pop_front();
    l.pop_front();
  }

  // 큐에 아직 남아 있는 경우
  if (!x.empty()) cout << l.front() << endl;
}

int main()
{
```

```
cin >> n;

int i, j;

for (i = 0; i < n; i++) {
   for (j = 0; j < n; j++) cin >> a[i][j];
}

BFS();

return 0;
}
```

이제부터 BFS 를 활용해서 풀 수 있는 문제를 살펴보자.

Lesson7 UVA274 톰과 제리

방이 많은 집에 톰과 제리가 살고 있다. 톰과 제리는 각각 "보금자리"라 부르는 그들만의 방을 하나씩 선택하여 갖고 있다. 그들의 "보금자리"로 부터, 집을 통해 규칙적으로 걸어다닌다. 톰은 A 번 방에서 B 번 방으로 통하는 톰의 방문만 존재하면, A 번 방에서 B 번 방으로 갈 수 있다. 톰의 방문들은 한가지 방향으로만 사용될 수 있다. 마찬가지로 제리도 A 번 방에서 B 번 방으로 통하는 제리의 방문만 존재하면, A 번 방에서 B 번 방으로 갈 수 있다. 또한, 제리의 방문들도 한 방향으로만 사용될 수 있다. 게다가, 톰의 방문들은 제리가 사용 할 수 없고, 제리의 방문들은 톰이 사용할 수 없다.

집 전체의 지도가 주어지면, 다음을 알아내도록 하여라.

1. 어느 방에서 톰과 제리가 만나는 곳의 존재 유무

2. 톰을 만나지 않는 길을 통해서 다시 보금자리로 돌아오는 길이 적어도 두 개의 방을통해서 올 수 있는지 유무. 단, 톰이 무슨 짓을 하던지간에 제리와 만나지 않을 수 있어야 한다.

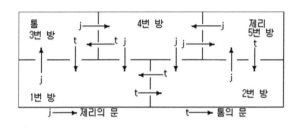

예를 들어, 위의 지도에서 톰은 1, 2, 3 번 방에서 제리와 만날 수 있다. 또한, 제리는 톰과 만나지 않고 두 개의 방을 걸어다닐 수 있다. 즉, 5 번 방에서 4 번 방으로 갔다가, 다시 되돌아오는 방법이다.

 입력

입력은 우선 테스트 데이터의 개수를 나타내는 정수 하나의 입력으로 시작된다. 다음 줄에 빈 줄이 하나 입력되며, 테스트 데이터 사이에도 빈 줄이 하나씩 입력된다. 입력은 여러 정수들로 구성되며, 집의 정보를 정의한다. 첫 번째 줄은 3 가지 정수로 구성된다. 첫 번째 정수는 방의 개수, 두 번째 정수는 톰의 보금자리 방, 세 번째 정수는 제리의 보금자리 방을 나타낸다.

다음에는 0 개 또는 그 이상의 줄로 두 개의 양의 정수가 한 줄씩 입력된다. 이들 여러 줄의 입력은 두 개의 −1 로 끝나게 된다. 양의 정수 한 쌍은 톰의 방문을 나타낸다. A B 한 쌍의 표현은 톰이 A 방에서 B 방으로 갈 수 있음을 나타낸다.

두 개의 −1 다음에 다시 0 개 이상의 두 개의 양의 정수가 한 줄씩 입력되는데, 이것들은 제리의 방문에 대한 정보를 나타낸다. 즉, A B 한 쌍의 표현은 제리가 A 번 방에서 B 번 방으로 갈 수 있는 제리의 방문을 나타내는 것이다.

방의 개수는 1 ~ 100 개 이다. 모든 방은 1 부터 시작해서 연속적인 번호가 부여된다. 입력의 모든 양의 정수들은 올바른 방 번호라고 가정해도 된다.

출력

각 테스트 데이터에 대해서, 출력은 다음 설명대로 해야 한다. 연속된 두 테스트 데이터 결과 사이에는 빈 줄을 하나씩 삽입해야 한다.

출력은 두 문자로 구성된다. 첫 번째 문자는 톰과 제리가 어느 방에서 만나면 'Y' 를 출력하고, 그렇지 않으면 'N' 을 출력하여라. 두 번째 문자는 제리가 톰과 만나지 않고 적어도 2 개의 방 이상을 활보하고, 보금자리로 다시 돌아올 수 있으면 'Y' 를 출력하고, 그렇지 않으면 'N' 를 출력하여라.

입력 예제 (위의 예제 그림과 같은 입력)

```
1

5 3 5
1 2
2 1
3 1
4 3
5 2
-1 -1
1 3
2 5
3 4
4 1
4 2
4 5
5 4
```

출력 예제

Y Y

풀이

톰과 제리가 이동하는 경로를 각각 BFS 로 탐색하면서, 서로 만나는지 다시 자신의 보금자리로 체크해주어야 한다. 코드는 다음과 같다.

```cpp
#include <iostream>
#include <string>
#include <sstream>
#include <deque>
#include <algorithm>
#include <memory.h>

using namespace std;

int main(){
    int rooms, toms, jerrys, cases, from, to, i;
    bool jerry[105][105], jerryreach[105];
    bool tom[105][105], tomreach[105];
    bool flag1, flag2, first = true;
    string str;

    // BFS 로 방문하기 위해 큐를 덱으로 구현
    deque<int> q;

    cin >> cases;

    while (cases--) {
        if (!first) cout << endl;
        first = false;

        cin >> rooms >> toms >> jerrys;

        // 배열 초기화
        memset(tom, false, sizeof(tom));
        memset(jerry, false, sizeof(jerry));
```

```
while (1) {
  cin >> from >> to;
  if (from < 0) break;

  // 톰이 갈수 있는 정보 세팅
  tom[from][to] = true;
}
cin.get();

while (1) {
  getline(cin, str);
  if (str == "") break;
  istringstream os(str);
  os >> from >> to;

  // 제리가 갈 수 있는 정보 세팅
  jerry[from][to] = true;
}

// 톰과 제리의 보금자리가 같은 방이면 서로 만나고
// 제리는 자리를 2칸 이상 이동해서 톰을 만나지 않을 수 없다.
if (toms == jerrys) {
  cout << "Y N" << endl;
  continue;
}

flag1 = flag2 = false;

// 톰의 도달 정보 초기화
fill(tomreach, tomreach+105, false);

// 톰이 출발하는 위치를 큐에 저장하면 톰의 BFS 시작
q.push_back(toms);

// 톰이 도달할 수 있는 위치마다 1로 세팅
tomreach[toms] = true;
```

```
while (!q.empty()) {
    // 현재 방문하는 위치에서 나머지 방과 연결되었는지 검사해서
    // 연결되었으면 큐에 집어 넣는다.
    for (i = 1; i <= rooms; i++) {
        // 이미 방문한 곳이면 넘어간다.
        if (tomreach[i]) continue;

        // 현재 위치에서 갈 수 있는지 검사
        if (tom[q.front()][i]) {
            // 톰이 갈수 있는 위치 세팅
            tomreach[i] = true;

            // 다음 방문할 방 번호를 큐에 넣는다.
            q.push_back(i);
        }
    }

    // 큐에서 현재 위치를 삭제한다.
    q.pop_front();
}

// 제리의 보금 자리를 톰이 올 수 있다면 톰과 제리는 만나며
// 제리는 톰을 피해 2 칸 이상 돌아올 수 없다.
if (tomreach[jerrys]) {
    cout << "Y N" << endl;
    continue;
}

// 제리를 위한 BFS 에 사용할 큐를 비운다.
q.clear();

fill(jerryreach, jerryreach+105, false);

// 제리의 출발 위치를 큐에 넣고 시작
q.push_back(jerrys);
```

```
// 제리가 도달하는 위치는 1로 세팅
jerryreach[jerrys] = true;

while (!q.empty()) {
  // 제리 역시 현재 위치에서 모든 방을 방문하면서 BFS
  for (i = 1; i <= rooms; i++) {
    // 현재 제리가 가는 길에 제리의 보금 자리로
    // 다시 돌아온 경우
    if (jerry[q.front()][i] && i == jerrys &&
        jerryreach[q.front()])
    {
      flag2 = true;
    }

    // 이미 방문한 곳이면 스킵
    if (jerryreach[i]) continue;

    // 현재 위치에서 방문할 수 있는 경우
    if (jerry[q.front()][i]) {
      jerryreach[i] = jerryreach[q.front()];

      // 톰이 방문한 곳이면 톰과 제리가 만나는 것으로 세팅
      if (tomreach[i]) {
        flag1 = 1;
        jerryreach[i] = true;
      }

      // 큐에 방문할 방의 번호를 집어 넣는다.
      q.push_back(i);
    }
  }

  // 큐에서 현재 위치를 삭제한다.
  q.pop_front();

  // 만일 두 정보가 세팅 되었으면 그만 찾도록 한다.
  if (flag1 && flag2) break;
```

```
    }

    if (flag1) cout << "Y ";
    else cout << "N ";
    if (flag2) cout << "Y" << endl;
    else cout << "N" << endl;
  }
  return 0;
}
```

◉ Lesson8 배열을 초기화 하는 memset 과 fill

1 차원 배열을 초기화하는 함수는 〈memory.h〉 에 있는 memset 과 〈algorithm〉 에 있는 fill 이다. memset 의 사용법은 다음과 같다.

memset(배열 이름, 대입할 값, 배열의 크기);

배열의 크기는 주로 "sizeof" 를 사용한다. memset 은 원래 C 라이브러리로부터 사용된 것으로 메모리 기반으로 값을 초기화 한다. 따라서, 1 바이트를 기준으로 초기화 한다. 2 바이트 이상의 데이터인 경우 0 이 아닌 값으로 초기화를 할 수 없다. 대신 1 바이트인 경우 1 차원 뿐만 아니라 2차원, 3차원 등 다차원 배열 초기화도 가능하다. 아래 예제를 보자.

```
#include 〈iostream〉
#include 〈iomanip〉
#include 〈memory.h〉

using namespace std;
```

```
int main() {
  bool a[10], aa[10][10];
  char b[10], bb[10][10];
  int c[10], cc[10][10], i, j;

  // bool 데이터를 영문자로 표시
  cout << boolalpha;

  // 일차원 1바이트 bool 배열 초기화
  memset(a, true, sizeof(a));
  for (i = 0; i < 10; i++) cout << a[i] << " ";
  cout << endl;

  // 일차원 1바이트 char 배열 초기화
  memset(b, 'A', sizeof(b));
  for (i = 0; i < 10; i++) cout << b[i] << " ";
  cout << endl;

  // 일차원 4바이트 int 배열 초기화
  memset(c, 1, sizeof(c));
  for (i = 0; i < 10; i++) cout << c[i] << " ";
  cout << endl;

  // 이차원 1바이트 bool 배열 초기화
  memset(aa, true, sizeof(aa));
  for (i = 0; i < 10; i++) {
    for (j = 0; j < 10; j++) cout << aa[i][j] << " ";
    cout << endl;
  }

  // 이차원 1바이트 char 배열 초기화
  memset(bb, 'B', sizeof(bb));
  for (i = 0; i < 10; i++) {
    for (j = 0; j < 10; j++) cout << bb[i][j] << " ";
    cout << endl;
  }
```

```
// 이차원 4 바이트 int 배열 초기화
memset(cc, 0, sizeof(cc));
for (i = 0; i < 10; i++) {
  for (j = 0; j < 10; j++) cout << cc[i][j] << " ";
  cout << endl;
}

return 0;
}
```

위 코드에서 〈iomanip〉의 boolalpha 를 cout 에 내보내면 bool 형의 데이터를 true 와 false 로 영문으로 표시해준다. boolalpha 를 내보내지 않은 경우는 true 는 1 로, false 는 0 으로 표시된다.

예제 코드를 실행해보면 4 바이트 데이터 int 형인 경우, 0 으로 초기화하는 경우는 제대로 초기화가 되지만, 1 로 초기화한 경우는 우리가 원하지 않는 값인 16843009 이라는 값으로 초기화된다. memset 은 1 바이트를 기준으로 초기화 하기 때문에 int 형 4 바이트는 다음과 같이 초기화 된다.

1	1	1	1

위와 같이 4 바이트에 1 바이트씩 각각 초기화된다. 값은 16 진수로 표현하면 0x01010101 이 하나의 값으로 초기화되는 것이다. 이 값은 10 진수로 16843009 가 되는 것이다. 따라서, 1 바이트가 아닌 데이터는 0 이외 값으로는 초기화할 수 없다. 대신 1 바이트 데이터인 경우는 여러 가지 원하는 값으로 초기화 할 수 있다.

다음으로 fill 의 사용법을 보자.

fill(시작 위치, 마지막 위치+1, 대입할 값);

fill 은 데이터형에 관계 없이 자신이 원하는 값은 무엇이든지 대입이 가능하다. 이 함수는 1 차원 배열을 기준으로 동작하기 때문에 2 차원 배열과 같은 데이터는 따로 처리해주어야 한다. 다음 예제 코드를 살펴보자.

```cpp
#include <iostream>
#include <iomanip>
#include <algorithm>

using namespace std;

int main() {
    bool a[10], aa[10][10];
    char b[10], bb[10][10];
    int c[10], cc[10][10], i, j;

    // bool 데이터를 영문자로 표시
    cout << boolalpha;

    // 일차원 1 바이트 bool 배열 초기화
    fill(a, a+10, true);
    for (i = 0; i < 10; i++) cout << a[i] << " ";
    cout << endl;

    // 일차원 1 바이트 char 배열 초기화
    fill(b, b+10, 'A');
    for (i = 0; i < 10; i++) cout << b[i] << " ";
    cout << endl;

    // 일차원 4 바이트 int 배열 초기화
    fill(c, c+10, 17);
    for (i = 0; i < 10; i++) cout << c[i] << " ";
    cout << endl;

    // 이차원 1 바이트 bool 배열 초기화
    for (i = 0; i < 10; i++) {
        fill(aa[i], aa[i]+10, true);
```

```
   for (j = 0; j < 10; j++) cout << aa[i][j] << " ";
   cout << endl;
}

// 이차원 1 바이트 char 배열 초기화
for (i = 0; i < 10; i++) {
  fill(bb[i], bb[i]+10, 'B');
   for (j = 0; j < 10; j++) cout << bb[i][j] << " ";
   cout << endl;
}

// 이차원 4 바이트 int 배열 초기화
for (i = 0; i < 10; i++) {
  fill(cc[i], cc[i]+10, 19);
   for (j = 0; j < 10; j++) cout << cc[i][j] << " ";
   cout << endl;
}

   return 0;
}
```

fill 함수는 이차원 배열도 실제 처리에서는 일차원 식으로 처리해야 한다. 대신, 데이터 형에 관계없이 원하는 값으로 대입할 수 있다는 것이 장점이다.

🔎 Lesson9 UVA314 로봇

로봇 이동 연구소는 물건을 운송하는 수단으로 로봇을 사용하고 있다. 물론, 매장의 한 곳에서 다른 곳으로 이동시킬 때 최소한의 시간만 소모해야 한다. 로봇은 직선 트랙으로만 이동할 수 있다. 모든 트랙은 사각형 격자로 이루어져 있다. 트랙의 폭은 2 미터이다. 매장은 N x M 크기의 사각형이며, 격자 형태로 표현할 수 있다. 매장과 붙어 있는 트랙인 경우, 매장과 트랙 중심 과의 거리는 정확히 1 미터이다. 로봇은 1.6 미터 지름의 원형 모양을 갖는다. 로봇은 트랙을 지날 때 자신의 중심이 트랙의 중심을 지나도록 한다. 로봇은 항상 동서남북 4 방향중 한 방향을 정면으로 봐야 한다. 트랙은 남북쪽 또는 동서쪽으로 구성된다. 로봇은 정면을 향하는 방향으로만 움직일 수 있다. 로봇의 정면은 트랙의 교차지점에서만 방향을 바꿀 수 있다. 로봇은 처음에 트랙의 어느 한 교차점에 서있게 된다. 매장에는 1m x 1m 크기의 장애물들이 존재한다. 각 장애물은 트랙 상에서는 1 x 1 사각형으로 표현된다. 로봇의 이동은 두 가지 명령으로 이루어진다. 즉, GO 와 TURN 명령이다.

GO 명령은 {1, 2, 3} 에 속하는 정수 n 파마리터를 받는다. 이 명령을 받은 로봇은 정면 방향으로 n 미터 만큼 이동한다.

TURN 명령은 왼쪽이나 오른쪽의 방향을 파라미터로 받는다. 이 명령을 받은 로봇은 파라미터 방향에 따라 $90°$ 로 회전한다.

한 명령당 1초를 소모한다.

이 회사의 연구원은 로봇이 출발 위치에서 도착 위치로 움직이는 최소 시간을 결정하는 프로그램을 작성해야 한다.

입력

입력은 여러 테스트 데이터로 구성된다. 각 테스트 데이터의 첫 번째 줄에는 두 정수 M≤50 과 N≤50 이 입력된다. 0 이나 1로 구성된 N 개의 숫자가 M 개 줄만큼 입력된다. 1 은 장애물을 나타내고, 0 은 해당 격자에 아무것도 없이 빈 것을 의미한다. 트랙은 격자들 사이에 존재한다. 블럭 데이터의 마지막은 로봇의 출발 위치와 도착 위치를 나타내는 4 개의 정수 B_1, B_2, E_1, E_2 와 처음 시작시 로봇의 정면 방향으로 구성된다. B_1, B_2 는 로봇의 출발 위치를 나타낸다. E_1, E_2 는 로봇이 도착할 위치를 나타낸다. 출발과 도착 위치는 북서쪽을 기준으로 떨어진 거리만큼을 나타낸다. 도착위치에 도달했을 때 로봇의 방향은 지정되있지 않다. 여기서는 (행, 열)-형식의 좌표를 사용한다. 예를 들어, 매장의 왼쪽 제일 위쪽 좌표는 0, 0 으로 정의되며, 가장 오른쪽 아래 좌표는 $M - 1$, $N - 1$ 로 정의된다. 입력 데이터에서 로봇의 정면이 향하는 방향은 north, west, south,

east 4 가지 단어로 정의된다. 입력에서 N = 0, M = 0 으로 입력되면 데이터의 끝을
의미한다.

출력

출력은 테스트 데이터의 마지막을 제외한 각 테스트 데이터에 대해 처리 결과를 한 줄씩
출력한다. 입력 데이터의 테스트 데이터 순서대로 출력되어야 한다. 로봇이 출발
위치로부터 도착 위치까지 이동하는데 걸리는 최소 시간을 초단위로 출력한다. 출발
위치에서 도착 위치로 도달하는 경로가 하나도 없다면 −1 을 출력하도록 한다.

예제

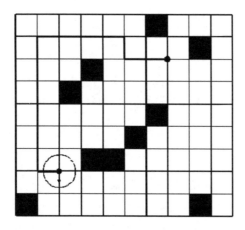

입력 예제

```
9 10
0 0 0 0 0 0 1 0 0 0
0 0 0 0 0 0 0 0 1 0
0 0 0 1 0 0 0 0 0 0
0 0 1 0 0 0 0 0 0 0
0 0 0 0 0 0 1 0 0 0
0 0 0 0 0 1 0 0 0 0
```

```
0 0 0 1 1 0 0 0 0 0
0 0 0 0 0 0 0 0 0 0
1 0 0 0 0 0 0 0 1 0
7 2 2 7 south
0 0
```

출력 예제

```
12
```

풀이

이 문제는 로봇의 현재 상태에서 다섯 가지의 행동을 큐에 집어 넣으면서 BFS 로 방문하는 문제이다. 다섯 가지의 행동은 다음과 같다.

1) 현재 방향으로 한 칸 전진
2) 현재 방향으로 두 칸 전진
3) 현재 방향으로 세 칸 전진, 세 칸 전진 시에는 바로 세 칸 전진으로 처리하는 경우 장애물이 중간에 있는 경우 뛰어 넘을 수 있기 때문에 세 칸 이내에 장애물이 있는지 검사해야 한다.
4) 오른쪽 방향으로 90 도 회전
5) 왼쪽 방향으로 90 도 회전

이전에 방문하였는지 검사할 때, 현재 상황에서 전진하여 칸만 비교하는 경우는 2 차원 배열로 검사할 수 있지만, 4 가지 방향까지 이전에 방문하였는지 비교해야 하므로 3 차원 배열이 필요하다. 코드는 다음과 같다.

```cpp
#include <iostream>
#include <deque>
#include <string>
#include <memory.h>
#include <stdlib.h>

using namespace std;

enum direction {NORTH, EAST, SOUTH, WEST};
int dx[4] = {0, 1, 0, -1};
int dy[4] = {-1, 0, 1, 0};
bool wmap[51][51];
bool flag[50][50][4];
int m, n, e1, e2;

deque<int> x, y, step;
deque<direction> dir;
```

```
int bfs();

int main()
{
  int i,j;
  bool map[50][50];
  int result = 0;
  int b1, b2;
  string direct;

  while (cin >> m >> n) {
    // 종료 조건
    if (m == 0 && n == 0)  break;

    memset(flag, 0, sizeof(flag));
    memset(wmap, 0, sizeof(wmap));

    // 외곽 영역 세팅
    for (i = 0; i <= n; i++) {
      wmap[0][i] = 1;
      wmap[m][i] = 1;
    }
    for (i = 0; i <= m; i++) {
      wmap[i][0] = 1;
      wmap[i][n] = 1;
    }

    for (i = 0; i < m; i++) {
      for (j = 0; j < n; j++) {
        cin >> map[i][j];

        // 장애물은 크기를 2*2 로 세팅해야 한다.
        if (map[i][j] == 1) {
          wmap[i][j] = 1;
          wmap[i+1][j] = 1;
          wmap[i][j+1] = 1;
```

```
        wmap[i+1][j+1] = 1;
      }
    }
  }

  cin >> b1 >> b2 >> e1 >> e2 >> direct;

  // 큐에 출발점의 정보를 세팅
  x.push_back(b2);
  y.push_back(b1);
  if (direct[0] == 'n') dir.push_back(NORTH);
  else if (direct[0] == 'e') dir.push_back(EAST);
  else if (direct[0] == 's') dir.push_back(SOUTH);
  else dir.push_back(WEST);
  step.push_back(0);

  while (!y.empty()) {
    // 한 스텝마다 처리되는 행동을 bfs 한수로 구현하였다.
    result = bfs();
    if (result == 1) break;
  }

  // 도착 지점에 도달하지 못한 경우 검사
  if (y.empty()) cout << "-1" << endl;
  else cout << step.front() << endl;

  // 새로운 테스트 데이터 처리를 위해 모든 큐 비우기
  x.clear();
  y.clear();
  dir.clear();
  step.clear();
}

  return 0;
}

int bfs()
```

```
{
  // 현재 로봇의 위치가 범위를 넘어가는지 검사
  if (x.front() <= 0 || y.front() <= 0 ||
      x.front() >= n || y.front() >= m) {
    x.pop_front();
    y.pop_front();
    dir.pop_front();
    step.pop_front();

    return 0;
  }

  // 현재 로봇이 이동한 위치에 장애물이 있는 경우
  if (wmap[y.front()][x.front()] == 1) {
    x.pop_front();
    y.pop_front();
    dir.pop_front();
    step.pop_front();

    return 0;
  }

  // 이미 방문한 곳인지 검사
  if (flag[y.front()][x.front()][dir.front()] != 0) {
    x.pop_front();
    y.pop_front();
    dir.pop_front();
    step.pop_front();

    return 0;
  }

  // 도착지점에 도달한 경우
  if (y.front() == e1 && x.front() == e2) return 1;

  // 현재 위치와 방향 방문한 것으로 세팅
  flag[y.front()][x.front()][dir.front()] = 1;
```

```
// 현재 방향으로 한칸 전진
x.push_back(x.front()+dx[dir.front()]);
y.push_back(y.front()+dy[dir.front()]);
dir.push_back(dir.front());
step.push_back(step.front()+1);

// 현재 방향으로 두칸 전진
x.push_back(x.front()+dx[dir.front()]*2);
y.push_back(y.front()+dy[dir.front()]*2);
dir.push_back(dir.front());
step.push_back(step.front()+1);

// 3 칸 전진 시에는 장애물을 완전히 그냥 뛰어 넘을 수 있으므로
// 3 칸 사이에 장애물이 있는지 확인하도록 한다.
// 1,2 칸은 장애물을 뛰어 넘지 못하므로 따로 비교하지 않았다.
if (wmap[y.front()+dy[dir.front()]][x.front()+dx[dir.front()]]
  == 0 &&
  wmap[y.front()+dy[dir.front()]*2][x.front()+dx[dir.front()]*2]
  == 0 &&
  wmap[y.front()+dy[dir.front()]*3][x.front()+dx[dir.front()]*3]
  == 0) {
  // 현재 방향으로 세칸 전진
  x.push_back(x.front()+dx[dir.front()]*3);
  y.push_back(y.front()+dy[dir.front()]*3);
  dir.push_back(dir.front());
  step.push_back(step.front()+1);
}

// 오른쪽으로 90 도 이동
x.push_back(x.front());
y.push_back(y.front());
dir.push_back(direction((dir.front()+1)%4));
step.push_back(step.front()+1);

// 왼쪽으로 90 도 이동
x.push_back(x.front());
```

```
    y.push_back(y.front());
    dir.push_back(direction((dir.front()+3)%4));
    step.push_back(step.front()+1);

    // 현재 데이터 큐에서 제거
    x.pop_front();
    y.pop_front();
    dir.pop_front();
    step.pop_front();

    return 0;
}
```

위 코드에서는 방향에 따라 더하는 빼는 x, y 좌표를 효율적으로 처리하기 위해서 dx, dy 배열을 사용하였다. dx, dy 배열 정의는 다음과 같다.

int dx[4] = {0, 1, 0, −1};

int dy[4] = {−1, 0, 1, 0};

만일 현재 방향이 NORTH 인 0 값이면 dx[0], dy[0] 를 사용한다. 즉, (0, −1) 을 현재 좌표에서 이동시킨다. 만일 현재 좌표가 (2, 3) 이였다면, (2, 3) + (0, −1) = (2, 2) 가 되어 y 값이 1 이 줄게되어 북쪽으로 이동하게 되는 것이다. 코드에 사용된 열거형을 잠시 알아보자.

Lesson10 열거형 정의 enum

열거형은 int, double 같은 데이터형을 새로 정의하는데 사용한다. 열거형은 값들을 열거하여 값을 지정하여 사용하는 형이다. 열거형을 정의 하는 방법은 다음과 같다.

enum 이름 {값,...};

이전의 코드에서 사용한 예제로 알아보자.

```
enum direction {NORTH, EAST, SOUTH, WEST};
```

열기형의 이름은 direction 이며, 여기에 속한 값은 위에서 나열한 대로 4 가지이다. 이렇게 나열한 값들은 차례대로 0 부터 값이 부여된다. 즉, NORTH = 0, EAST = 1, SOUTH = 2, WEST = 3 가 된다. 값을 지정해주면 그 다음 값들은 지정한 값+1 씩으로 정해진다. 다음 예를 보자.

```
enum direction {NORTH, EAST = 3, SOUTH, WEST};
```

위의 정의에서는 NORTH = 0, EAST = 3, SOUTH = 4, WEST = 5 가 된다. NORTH 는 처음부터 부여되는 값이 되고, EAST 부터는 정해지는 값이 부여되며 나머지는 앞의 수+1 의 값을 갖게 된다. 다음 예를 살펴보자.

```
enum direction {NORTH = 7, EAST, SOUTH = 7, WEST};
```

위 정의에서는 NORTH = 7, EAST = 8, SOUTH = 7, WEST = 8 의 값을 갖게 된다. NORTH 와 SOUTH, EAST 와 WEST 가 각각 같은 값을 갖게 된다. 열거형에서는 동일한 값도 가질 수 있다. 이러한 enum 데이터 형을 사용하는 변수는 다음과 같이 사용될 수 있다.

```
#include <iostream>

using namespace std;

enum direction {NORTH, EAST, SOUTH, WEST};

int main()
{
```

```
    direction d;
    int x[WEST], y;

    d = EAST;
    y = d;
    cout << d << endl;
    cout << y << endl;

    x[NORTH] = 3;
    d = direction(2);
    cout << d << endl;

    // 에러
    // d = 3;

    return 0;
}
```

enum 형에서 열거된 값은 상수로 사용할 수 있다. 위 코드에서 x 배열을 정의하나 부분을 보면 "int x[WEST]" 인데, "int x[3]" 으로 정의하는 것과 같다. 위 코드에서 "x = d" 로 enum 형을 int 형에 대입하는 것은 허용되나, "d = 3" 과 같이 int 형을 바로 enum 형에 대입하는 것은 허용되지 않는다. 만일 대입하고 싶다면 "d = direction(2)" 와 같이 형을 변경하면서 대입해야 한다.

Part 4 Euler Path

Lesson1 Euler Path

다음에 소개될 해밀턴과 오일러의 차이점은 관점을 점에 두느냐, 간선에 두느냐의 문제로 나뉘어진다. 다음의 중요한 차이점을 알아두자.

오일러 : 모든 **간선**을 방문한다.
해밀턴 : 모든 **정점**을 방문한다.

또한, 각각의 방문에 있어서 회로와 경로가 존재한다. 회로와 경로의 차이점도 알아보자.

회로 : 출발점 == 도착점
경로 : 출발점 != 도착점

위와 같이 출발한 점과 도착하는 점이 같은 점이라면 회로가 된다. 예를 들어, 오일러 경로라면, 모든 간선을 다 방문하지만, 출발해서 도착하는 점이 같지 않아도 되는 문제가 된다. 또한, 해밀턴 회로라면 출발점에서 모든 정점을 다 방문하고 출발점으로 되돌아오는 문제가 되는 것이다.

이 장에서는 오일러 회로와 경로에 대해서 알아볼 것이다. 오일러 회로에서 경로로 바꾸려면 출발점과 도착점이 같은지를 검사하는 부분만 없애주고, 차수가 홀수인 점을 찾는 루틴만 넣어주면 된다. 오일러 회로를 사용하려면 일단 그래프를 배열로 표현해야 한다. 만일, 다음과 같은 그래프가 있다고 하자.

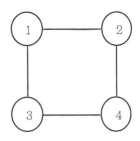

그래프는 2차원 배열로 나타내게 된다. 간선이 연결된 곳은 1, 그렇지 않은 곳은 0 으로 저장한다.

	1	2	3	4	차수
1	0	1	1	0	2
2	1	0	0	1	2
3	1	0	0	1	2
4	0	1	1	0	2

이 배열에서, 각 행의 1의 개수는 각 행의 정점에서 연결 가능한 간선의 개수인 정점의 차수가 된다. 예를 들어, 정점 1 은 정점 2 와 정점 3 을 연결할 수 있고, 차수는 2 가 된다.

오일러 회로는 어느 점에서 출발하더라도 모든 점의 차수가 짝수라면 돌아올 수 있다. 오일러 회로가 존재하는 조건은 다음과 같다.

모든 정점의 차수가 **짝수**이다.

오일러 경로는 홀수 점에서 출발해서 다른 홀수점으로 돌아와야 한다. 오일러 경로가 존재하는 조건은 다음과 같다.

정점의 차수가 **홀수**인 점이 **없거나, 2 개**이다.

정점의 치수가 홀수인 점이 없는 경우는 오일러 회로가 존재하는 경우이므로 어느 점에서나 출발해도 오일러 경로를 찾을 수 있다. 그러나, 2개인 경우는 반드시 홀수인 두 점 중 하나에서 출발해야 한다. 다음과 오일러 경로를 찾아보자.

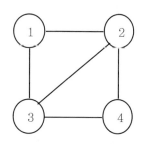

위의 그림도 역시 배열로 표시하면 다음과 같다.

	1	2	3	4	차수
1	0	1	1	0	2
2	1	0	1	1	3
3	1	1	0	1	3
4	0	1	1	0	2

위 배열에서 보면, 차수가 홀수인 점은 2번과 3번 정점이다. 오일러 경로는 둘 중 하나에서 출발하면 선택되지 않았던 나머지 홀수인 점으로 도착하게 된다. 오일러 경로에 대한 입력 예제가 다음과 같다.

```
4 5
1 2
1 3
2 3
2 4
3 4
```

입력의 첫 번째 줄은 정점의 개수와 간선의 개수를 나타낸다. 다음에 간선의 개수 만큼 한 줄씩 간선으로 연결되는 두 정점의 번호가 입력된다. 이 입력에 대한 오일러 경로 중 하나를 출력하는 코드는 다음과 같다.

```cpp
#include <iostream>

using namespace std;

bool odd[100];
int m, n, cnt;
int a[100][100];
int path[10000];

bool EulerPath(int vertex, int idx)
{
  path[idx] = vertex;
  int i;

  // 간선이 다 방문되면 오일러 경로 출력
  if (idx == m) {
    cout << path[0];
    for (i = 1; i <= m; i++) cout << "-" << path[i];
    cout << endl;
    return true;
  }

  for (i = 1; i <= n; i++) {
    if (a[vertex][i] == 1) {
      // vertex, i 가 연결되는 간선을 이제 사용하므로,
      // 다시 사용 안되도록 0 으로 바꿈
      a[vertex][i] = a[i][vertex] = 0;

      // 재귀호출로 부르며, 한번이라도 출력되면 실행 종료
      if (EulerPath(i, idx+1)) return true;

      // 다시 복구
```

```
        a[vertex][i] = a[i][vertex] = 1;
    }
  }

  return false;
}

int main()
{
  int i, x, y;
  bool odd_vertex = false;

  cin >> n >> m;

  for (i = 0; i < m; i++) {
    cin >> x >> y;
    a[x][y] = a[y][x] = 1;

    // 홀수인 점 체크
    // 한번 입력되면 홀수 = true, 다시 입력되면 짝수 = false
    odd[x] = !odd[x];
    odd[y] = !odd[y];
  }

  // 홀수인점 존재 유무 검사
  for (i = 1; i <= n; i++) {
    if (odd[i]) {
      odd_vertex = true;
      break;
    }
  }

  // 시작점 선택
  for (i = 1; i <= n; i++) {
    if (odd_vertex) {
      if (odd[i]) if (EulerPath(i, 0)) break;
    }
```

```
    else if (EulerPath(i, 0)) break;
  }

  return 0;
}
```

실행결과는 다음과 같다.

```
2->1->3->2->4->3
```

Lesson2 Greedy Euler Circuit

일반적인 오일로 회로는 백트래킹으로 구현할 수 있지만, 그리디 방식으로 큐를 사용하는 오일러 회로 알고리즘에 대해 알아보자. 다음의 비 방향 그래프를 살펴보자.

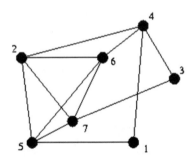

모든 정점의 차수가 짝수인 경우 아무 점이나 출발할 수 있다. 위 그래프는 홀수인 점이 없는 경우이다. 따라서, 1 번 점에서 출발한다고 하자.

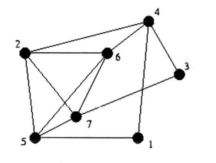

스택 :

위치 : 1

회로 :

현재 위치의 정점과 연결된 정점 중 가장 빠른 숫자부터 방문한다.

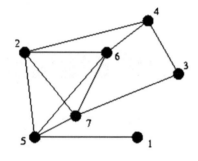

스택 : 1

위치 : 4

회로 :

1 에서 4 를 방문하며, 스택에 이전 정점을 넣도록 한다.

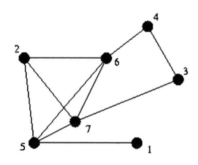

스택 : 1 4

위치 : 2

회로 :

4 에서 2 를 방문하여, 위치를 2 로 옮기고 4 를 스택에 넣는다.

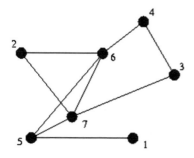

스택 : 1 4 2
위치 : 5
회로 :

2 에서 5 로 방문한다.

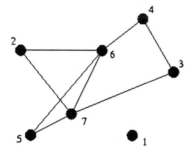

스택 : 1 4 2 5
위치 : 1
회로 :

1 의 위치에서는 간선이 끊겨, 더 이상 1 에서 다른 점으로 이동될 수 없다. 이런
상태에서는 1 을 경로로 옮긴다.

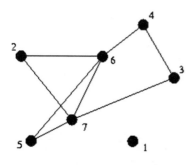

스택 : 1 4 2
위치 : 5
회로 : 1

1 을 경로로 옮기면서, 이전에 저장했던 스택에서 하나를 꺼낸다. 마지막 저장되었던
정점이 5 이므로, 5 에서 다시 시작하도록 한다.

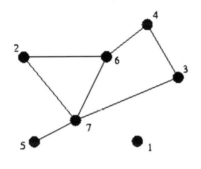

스택 : 1 4 2 5

위치 : 6

회로 : 1

5 에서 갈 수 있는 가장 작은 정점 번호는 이제 6 이다. 5 를 스택에 넣고 6 을 현재 위치로 이동시킨다.

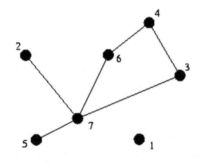

스택 : 1 4 2 5 6

위치 : 2

회로 : 1

6 에서 2 를 방문한다.

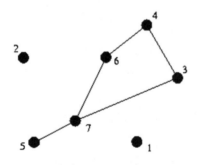

스택 : 1 4 2 5 6 2

위치 : 7

회로 : 1

2 에서 7 을 방문한다.

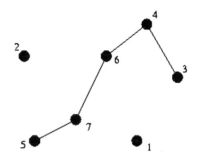

스택 : 1 4 2 5 6 2 7

위치 : 3

회로 : 1

7 에서 3 을 방문한다.

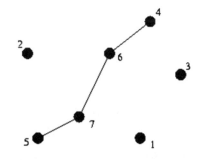

스택 : 1 4 2 5 6 2 7 3

위치 : 4

회로 : 1

3 에서 4 를 방문한다.

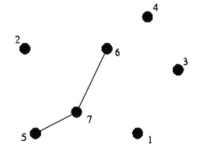

스택 : 1 4 2 5 6 2 7 3 4

위치 : 6

회로 : 1

4 에서 6 을 방문한다.

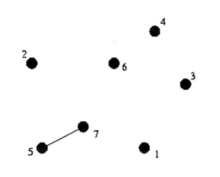

스택 : 1 4 2 5 6 2 7 3 4 6

위치 : 7

회로 : 1

6 에서 7 을 방문한다.

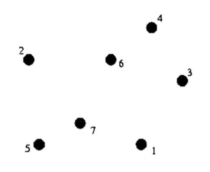

스택 : 1 4 2 5 6 2 7 3 4 6 7

위치 : 5

회로 : 1

마지막으로 5 를 방문하면 더 이상 방문할 정점이 없다. 다시 5 를 스택에 넣는다.

스택 : 1 4 2 5 6 2 7 3 4 6 7 5

위치 :

회로 : 1

이제 스택의 모든 원소를 뒤에서 앞으로 거꾸로 회로에 집어 넣는다.

스택 :

위치 :

회로 : 1 5 7 6 4 3 7 2 6 5 2 4 1

이런 방식으로 회로를 구할 수 있다. 위의 예제와 같은 아래 입력 예제는 다음과 같다.

```
7 12
1 4
1 5
2 4
2 5
2 6
2 7
3 4
3 7
4 6
5 6
5 7
6 7
```

첫 줄에는 정점의 개수와 간선의 개수이며, 다음 줄부터 간선 개수만큼 간선의 정보가 입력된다. 간선 정보는 두 정점의 번호로 구성된다. 오일러 회로 알고리즘을 구현한 코드를 살펴보자.

```cpp
#include <iostream>
#include <fstream>
#include <vector>

using namespace std;

int m, n;
bool a[100][100];

void EulerCircuit()
{
    int ipos = 0, cnt = 0, i;
    vector<int> stack, circuit;
    bool use;

    // 간선이 다 방문되면 오일러 경로 출력
    while (cnt < m) {
```

```
    // 현재 정점에서 갈 수 있는 정점이 있는지 검사하는 변수 use
    use = false;

    for (i = 0; !use && i < n; i++) {
      if (a[ipos][i]) {
        // 스택에 저장
        stack.push_back(ipos);
        a[ipos][i] = a[i][ipos] = false;

        // 현재 위치를 i 로 이동
        ipos = i;

        use = true;
        cnt++;
      }
    }

    // 현재 정점에 연결된 간선이 없는 경우
    if (!use) {
      // 회로로 현재 정점 저장
      circuit.push_back(ipos);

      // 스택에서 마지막 정점을 현재 방문하는 정점으로 변경
      ipos = stack.back();

      // 스택에서 마지막 원소 제거
      stack.pop_back();
    }
  }

  // 회로 배열에 저장된 값 바로 출력
  for (i = 0; i < circuit.size(); i++) {
    cout << circuit[i]+1 << " ";
  }

  // 마지막 방문하는 정점을 스택에 넣지 않고,
  // 스택에 앞서 먼저 출력해도 처리는 동일하게 된다.
  cout << ipos+1 << " ";
```

```
    // 스택은 거꾸로 출력
    for (i = stack.size()-1; i >= 0; i--) cout << stack[i]+1 << " ";
    cout << endl;
}

int main()
{
    int i, x, y;
    bool odd[100] = {false,};

    // 데이터 입력
    cin >> n >> m;

    for (i = 0; i < m; i++) {
        cin >> x >> y;
        a[x-1][y-1] = a[y-1][x-1] = true;

        // 정점의 차수 검사, 홀수면 true, 짝수면 false
        odd[x-1] = !odd[x-1];
        odd[y-1] = !odd[y-1];
    }

    // 오일러 회로는 모든 정점의 차수가 짝수 이어야 한다.
    // 홀수인 2 점이 존재하면 오일러 회로가 존재하지 않는다.
    for (i = 0; i < n; i++) {
        if (odd[i]) {
            cout << "오일러 회로가 존재하지 않습니다." << endl;
            return 0;
        }
    }

    EulerCircuit();

    return 0;
}
```

오일러 경로 문제를 풀어보자.

Lesson3 UVA302 죤의 드라이빙

어린 죤은 새로운 차를 얻게 되었다. 그는 친구 집을 방문하기 위해 마을을 따라 드라이브를 나설 결심을 했다. 죤은 모든 친구들을 방문하고 싶어했지만, 친구들은 너무 많았다. 각 도로마다 친구들이 한 명씩 살고 있다. 어떻게 해야 드라이브를 가장 짧게 할 수 있을지 고민하기 시작했다. 전광석화처럼 죤은 가장 좋은 방법을 생각해냈다. 한 마을에 있는 각 도로를 한번만 방문하는 것이 가장 좋은 방법이었다. 당연히 드라이브 이후에 부모의 집인 출발한 곳으로 돌아오길 원했다.

마을의 도로들은 $1 <= n < 1995$ 범위의 정수 이름을 갖는다. 교차점은 $1 <= m <= 44$ 이하의 정수로 정의된다. 마을의 모든 교차점은 다른 숫자로 구성된다. 각 도로는 정확히 두 개의 교차점과 접속된다. 마을 내의 두 도로가 같은 번호를 가질 수는 없다. 그는 즉시 그의 드라이빙 계획을 시작할 작정이다. 최적의 드라이브 경로가 두 개 이상이면, 도로 번호가 사전식 순서로 더 작은 것을 고르도록 한다.

그러나, 죤은 그러한 드라이브 코스를 찾는게 불가능했다. 죤을 도와서 가장 짧은 드라이브 코스를 찾아내는 프로그램을 작성하여라. 드라이브 코스가 존재하지 않는다면, 프로그램은 그러한 메시지를 출력해야 한다. 죤은 첫 번째 도로에서 더 작은 값을 갖는 교차점에 산다. 마을의 모든 도로는 왕복 도로이다. 마을의 한 도로에서 다른 도로로 가는 길은 한가지 길만 존재한다. 마을의 길은 매우 좁아서 유턴이 불가능하다.

입력

입력은 여러 테스트 데이터로 구성된다. 각 테스트 데이터는 한 도시의 데이터를 나타낸다. 데이터의 각 줄의 세 정수 x, y, z 는 z 번 도로에 의해서 연결되는 두 정점 x, y 를 나타낸다. x, y 의 범위는 x > 0, y > 0 이다. 테스트 데이터의 종료는 x = y = 0 으로 입력되며 빈 테스트 데이터로서 입력의 끝을 표현한다.

출력

출력은 각 테스트 데이터마다 죤의 드라이빙 경로에 해당하는 도로 번호 순열을 첫 번째 줄에 출력한다. 도로 번호 사이에는 공백을 하나씩 삽입하도록 한다. 그리고, 한 테스트 데이터에 대한 출력을 처리한 후 빈 줄을 한 줄씩 출력한다. 적절한 드라이빙 코스가 없는 경우에는 "Round trip does not exist." 메시지를 출력한다.

입력 예제

```
1 2 1
2 3 2
3 1 6
1 2 5
2 3 3
3 1 4
0 0
1 2 1
2 3 2
1 3 3
2 4 4
0 0
0 0
```

출력 예제

```
1 2 3 5 4 6

Round trip does not exist.
```

풀이

이 문제는 중복되는 간선이 입력된다. 중복되는 간선은 도로 번호로 구분해야 한다. 출력 시에 경로가 여러 개인 경우, 사전 순서에 따라 도로 번호가 빠른 경로를 우선 출력해야 하므로 처음 입력된 간선 정보를 도로 번호를 기준으로 정렬해주어야 한다. 즉, 첫 번째 입력데이터는 우선 다음과 같이 정렬되어야 한다.

x	y	z
1	2	1
2	3	2
2	3	3
3	1	4
1	2	5
3	1	6

간선 정보가 중복이 되므로, 어떤 정점에 연결된 간선 정보를 차례대로 방문할 수 있도록 효율적인 자료 구조를 선택해야 한다. 단순한 오일러 회로처럼 하나의 경로를 DFS 식으로 처리하는 경우에는 연결 정보를 2 차원 배열로 처리한다. 그러나, 한 정점에 연결된 간선이 중복되고, 그러한 간선을 차례대로 방문하기 위해서는 연결 리스트와 같은 구조가 필요하다.

index	x	y	z	next_x	next_y
0	1	2	1	3	1
1	2	3	2	2	2
2	2	3	3	4	3
3	3	1	4	5	4
4	1	2	5	5	−1
5	3	1	6	−1	−1

위의 정보는 연결 리스트 구조를 배열로 구현한 것이다. 앞 부분의 index 는 배열의 위치이므로 실제 저장되는 값이 아니다. next_x 와 next_y 는 현재 위치의 x 정점과 y 정점 다음으로 연결된 간선의 번호를 나타낸다. 즉, 위 그림에서 첫 번째 도로의 x

정점을 따라가면, next_x 값에 의해서 3 번 인덱스로 가야 한다. 모든 도로 경로는 다음과 같다.

$1 \rightarrow 3 \rightarrow 4 \rightarrow 5$

도로에서 연결되는 정보는 x 와 y 정점을 다 조사해서 다음 도로 번호로 세팅해야 한다. 이 문제는 또한 다음 그림과 같이 오일러 회로 내부에 작은 회로들이 연결되어 있으므로 적절히 처리해야 한다.

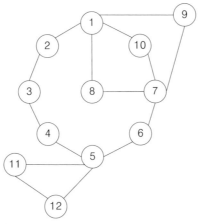

위의 구조는 다음과 같은 3 가지의 회로가 존재한다.

1 2 3 4 5 6 7 8 1
1 9 7 10 1
5 11 12 5

따라서, 하나의 회로만 찾는 것으로 끝나는 것이 아니다. 처음 구해진 회로의 출발점에서 또다른 회로가 존재하는지를 검사해야 한다. 현재는 회로가 존재하는 상태이다. 따라서, 현재 회로를 추가해준다.

1 2 3 4 5 6 7 8 1 9 7 10 1

또다시 출발점에서 검사하면 이제는 연결된 회로가 존재하지 않는다. 이런 경우, 이전 정점으로 거꾸로 돌아가면서 회로를 검사해준다.

1 2 3 4 5 6 7 8 1 9 7 10 1

계속 돌아오나 보면 5 번 징점에시 또디른 회로가 존재하게 된다. 이때, 다시 회로를 추가해준다.

1 2 3 4 5 **11 12** 5 6 7 8 1 9 7 10 1

위 회로는 문제와 달리 정점 번호로 출력하였으므로 혼돈하지 않도록 하자. 이러한 개념들로 구현한 코드는 다음과 같다.

```cpp
#include 〈iostream〉
#include 〈algorithm〉

#ifdef _MSC_VER
#define min _MIN
#endif

using namespace std;

struct street {
  int x, y, z;       // 연결된 정점 번호, 간선 번호
  int nextx, nexty; // 정점에 연결된 다음 간선 정보
  int prev, next;    // 이전 간선과 다음 간선 정보
};

street s[1996];
int juncs[45];

int z_cmp(const street a, const street b);
int path(int junc, int &start_street, int &end_street);
```

```
int main()
{
  int count, junc, start_street, street, i, s1, e1, s2;
  bool fail, rep;

  while (1) {
    fail = false;

    // x, y 값이 모두 0 이 들어 올때 까지 입력
    count = 0;
    while (1) {
      cin >> s[count].x >> s[count].y;
      if (s[count].x == 0 || s[count].y == 0) break;

      cin >> s[count++].z;
    }

    // 빈 테스트 데이터인 경우 입력 종료
    if (!count) break;

    // 첫 번째 간선 정보는 출발 정점이므로 두 정점 중 작은 값을
    // 출발점으로 한다.
    junc = min(s[0].x, s[0].y);

    // 같은 길이의 경로가 있는 경우 더 작은 간선 번호를 갖는
    // 경로를 출력해야 하므로, 간선 번호에 의해 정렬
    sort(s, s+count, z_cmp);

    // 교차점 정보 초기화
    fill(juncs, juncs+45, -1);

    for (i = count-1; i >= 0; i--) {
      // 뒤에서 앞으로 가면서 교차점에 연결된 간선 정보를
      // 연결 리스트 구조로 세팅한다.
      s[i].nextx = juncs[s[i].x];
      juncs[s[i].x] = i;
```

```
      s[i].nexty = juncs[s[i].y];
      juncs[s[i].y] = i;

      s[i].prev = -1;
      s[i].next = -1;
   }

   // 출발점에서 오일러 경로로 방문하여 돌아오는 점이
   // 출발점인지를 검사한다.
   if (path(junc, start_street, e1) == junc) {
      // 마지막에 끝난 경로에서 출발점과 연결하여 회로로 세팅
      s[start_street].prev = e1;
      s[e1].next = start_street;

      // 간선을 시작 간선으로 저장
      street = start_street;

      // 회로가 두 개 이상 존재하는 경우 모두 체크되어야 한다.
      do {
         // 다시 시작점으로 돌아오는 회로가 있는지 검사
         if (path(junc, s1, e1) == junc) {
            rep = false;

            // 현재 교차점에서 남은 간선이 있는 경우
            if (s1 != -1 && e1 != -1) {
               // 또 다른 내부 회로를 연결해준다.
               s2 = s[street].prev;

               s[s1].prev = s2;
               s[s2].next = s1;

               s[street].prev = e1;
               s[e1].next = street;

               // 다시 현재 교차점에서 반복
               rep = true;
```

```
        }
        // 현재 교차점에서 남은 정보가 없는 경우
        else {
          // 이전 간선으로 이동
          street = s[street].prev;

          // 이전 간선과 연결된 정점으로 이동해서 경로
          // 다시 탐색한다.
          junc = (s[street].x != junc) ? s[street].x :
                  s[street].y;

          // 처음으로 돌아오지 않은 경우 반복
          if (street != start_street) rep = true;
        }
      }
      // 중간에 끊기거나 멈춘 경우 메시지 출력
      else {
        cout << "Round trip does not exist." << endl << endl;
        fail = true;
      }
  } while (rep && !fail);
  // 시작 도로까지 거꾸로 해서 탐색이 완료될 때까지 반복

  if (!fail) {
    // 시작 도로의 번호 부터 출발해서
    cout << s[start_street].z;

    // 다시 시작 도로로 돌아오는 오일러 회로 출력
    for (i = s[start_street].next; i != start_street;
         i = s[i].next)
    {
      cout << " " << s[i].z;
    }
    cout << endl << endl;
  }
}
// 출발한 교차점으로 돌아오는 회로가 없는 경우 메시지 출력
```

```
      else cout << "Round trip does not exist." << endl << endl;
    }

    return 0;
}

int z_cmp(const street a, const street b)
{
    return (a.z < b.z);
}

int path(int junc, int &start_street, int &end_street)
{
    int street, i;

    street = -1;

    // 순차적으로 번호를 따라 이동한다.
    while (1) {
        // 해당 정점에 연결된 다음 간선의 정보를 얻는다.
        i = juncs[junc];

        // 정점에 연결된 간선이 모두 다 방문된 경우
        if (i == -1) {
            // 한번도 다른 간선으로 이동하지 않은 경우,
            // 시작 간선이 없다.
            if (street == -1) start_street = -1;

            // 더이상 방문할 간선이 없는 경우 가장
            // 이전 도로가 마지막 간선이 된다.
            end_street = street;

            return junc;
        }

        // 방문하지 않은 도로인 경우
        if (s[i].next == -1) {
```

```
        // 간선을 한번도 방문하지 않은 경우
        if (street == -1) {
            // 그 이전 간선이 없으므로 -2 로 세팅
            s[i].prev = -2;

            // 첫 번째 도로로 세팅
            start_street = i;
        }
        else {
            // 현재 간선을 i 의 이전 간선으로 세팅
            s[i].prev = street;

            // 현재 간선의 다음 간선을 i 로 세팅
            s[street].next = i;
        }

        // i 번 간선의 다음 간선 정보는 아직 정해지지 않았으므로
        // -2 로 끝을 나타냄
        s[i].next = -2;

        // 리스트 구조에서 현재 정점의 다음 위치 저장
        juncs[junc] = (s[i].x == junc) ? s[i].nextx : s[i].nexty;

        // z 간선에서 현재 정점에 연결된 다음 정점을 세팅한다.
        junc = (s[i].x != junc) ? s[i].x : s[i].y;

        // 간선 정보 세팅
        street = i;
    }
    // 이미 한번 방문 했던 경로였던 경우
    else {
        // 리스트 구조에서 현재 정점의 다음 위치 저장
        juncs[junc] = (s[i].x == junc) ? s[i].nextx : s[i].nexty;
    }
  }
}
```

위 코드는 이해하기 힘든 부분들이 있을 것이다. 코드에서 필요한 개념들을 차례로 설명하겠다. 이론적인 것들까지 읽어보고도 코드가 이해되지 않는다면 자신의 것으로 만들기 위해서 여러 번 짜보던지, 코드 자체를 외워버리는 것도 도움이 된다. 자신만의 방식을 찾아보기 바란다.

Lesson4 VC 와 표준 C++ 구분하기

VC6(Visual Studio 6)을 이용하는 사용자들은 ACM 에 제출하기 위해서는 매번 VC 와 다른 문법을 찾아서 바꿔줘야 한다. 즉, 다음 코드를 보자.

```
#include <algorithm>
#include <cstdio>

using namespace std;

int main()
{
    __int64 a, b, c;

    scanf("%I64d %I64d", &a, &b);

    c = _MIN(a, b);

    printf("최소값 = %I64d\n", c);

    return 0;
}
```

이 코드는 큰 정수 처리를 위해서 64 비트형 정수형을 사용했다. VC6 이므로 "__int64" 를 사용해야 한다. "__int64" 는 scanf, printf 로 "%I64d" 를 이용해서 입출력을 한다. 또한, 최소값을 구하는 함수 min 의 경우도 VC6 에서는 _MIN 으로 사용해야 한다.

VC6 의 경우는 〈windef.h〉 에 정의되어 있는 min 과 max 와 이름이 충돌하기 때문에
어쩔 수 없이 _MIN, _MAX 를 사용해야 한다. Visual Stusio 6.0 이후, 최근 Visual
Studio 2008 버전에서는 C++ 표준인 "long long int" 를 사용할 수 있다.

그러나, ACM, USACO 와 같은 표준 C++ 컴파일러가 채점 언어인 경우에는 위의
경우는 컴파일 에러를 발생시킨다. 따라서, 다음과 같이 바꿔주어야 한다.

```cpp
#include 〈algorithm〉
#include 〈iostream〉

using namespace std;

int main()
{
    long long int a, b, c;

    cin 〉〉 a 〉〉 b;

    c = min(a, b);

    cout 〈〈 "최소값 = " 〈〈 c 〈〈 endl;

    return 0;
}
```

이와 같이 간단한 프로그램에서도 바꿀 것이 많은데 큰 프로그램에서는 더더욱 많을
것이다. 이럴 경우, 하나의 코드로 두 컴파일러에서 동작되도록 변경해줄 수 있다. 다음
코드를 보자.

```cpp
#include 〈algorithm〉
#ifdef _MSC_VER
#include 〈cstdio〉
#else
```

```
#include 〈iostream〉
#endif

using namespace std;

#ifdef _MSC_VER
#define min _MIN
#endif

int main()
{
  #ifndef _MSC_VER
  long long int a, b, c;

  cin 〉〉 a 〉〉 b;
#else
  __int64 a, b, c;

  scanf("%I64d %I64d", &a, &b);
#endif

  c = min(a, b);

#ifndef _MSC_VER
  cout 〈〈 "최소값 = " 〈〈 c 〈〈 endl;
#else
  printf("최소값 = %I64d\n", c);
#endif

  return 0;
}
```

하나의 문장으로 고쳤더니 좀 복잡해졌다. 전처리 연산자 "#ifdef, #else, #ifndef, #endif"
를 사용하였다. "#ifdef XXX" 는 XXX 라는 것이 정의 되어 있으면 그 이하의 문장을
사용하는 것이다. 정의되어 있지 않을 경우는 "#else" 가 있으면 "#else" 이하의 문장을

사용하고 없다면 아무 것도 사용하지 않는다. "#ifndef XXX" 의 경우는 XXX 라는 것이 정의되어 있지 않다면 그 이하의 문장을 사용한다.

"#define XXX 123" 은 123 을 XXX 로 대신 정의한다는 것이다. 위 코드에서는 "_MSC_VER" 이 정의되어 있으면, _MIN 을 min 으로 사용한다는 것이다. 실제 컴파일할 때는 min 자리에 _MIN 으로 치환되어 컴파일된다. "_MSC_VER" 은 마이크로소프트 C 컴파일러들의 버전을 나타내는 값으로 마이크로소프트사에서 나온 C 컴파일러들은 모드 이 값이 정의되어 있다. 따라서, "_MSC_VER" 로 현재 컴파일러를 구분지을 수 있다.

 Lesson5 구조체와 sort

여러 데이터를 동시에 정렬하기 위해서는 구조체를 사용해야 한다.

```
6
3 2 5
3 6 3
7 5 9
2 1 4
2 4 1
3 4 6
```

위 데이터를 입력 받아서 같은 행의 데이터들은 마지막 데이터를 기준으로 정렬하려면 어떻게 해야 할까? 한 열씩 배열로 처리하면 직접 구현해서 바꿀 수 있다.

```cpp
#include <iostream>
#include <algorithm>

using namespace std;
```

```
int main()
{
  int a[100], b[100], c[100];
  int i, j, n;

  cin >> n;
  for (i = 0; i < n; i++) cin >> a[i] >> b[i] >> c[i];

  for (i = 0; i < n-1; i++) {
    for (j = i+1; j < n; j++) {
      if (c[i] > c[j]) {
        swap(a[i], a[j]);
        swap(b[i], b[j]);
        swap(c[i], c[j]);
      }
    }
  }

  for (i = 0; i < n; i++) cout << a[i] << b[i] << c[i] << endl;

  return 0;
}
```

위와 같이 1 차원 배열 3 개로 처리하는 경우에는 각 배열의 원소를 각각 바꾸어주어야 한다. 우리가 알고있는 sort 함수를 사용하려면 어떻게 해야 할까?

```
#include <iostream>
#include <algorithm>

using namespace std;

int main()
{
  int a[100], b[100], c[100];
  int i, j, n;
```

```
cin >> n;
for (i = 0; i < n; i++) cin >> a[i] >> b[i] >> c[i];

sort(c, c+n);

for (i = 0; i < n; i++) cout << a[i] << b[i] << c[i] << endl;

return 0;
}
```

위와 같이 한다면 물론 마지막 열만 정렬되고, 앞부분의 열들은 원래 위치를 그대로
유지하게 된다. 따라서, 한 줄을 하나의 데이터로 만들어 처리할 수 있어야 한다.
구조체는 여러 데이터를 묶어서 하나의 데이터 형을 만드는데 사용한다. 구조체 정의는
다음과 같다.

```
struct 이름 {
   사용할 자료
};
```

"struct"는 구조체를 나타내는 예약된 단어이다. 이름은 int 와 double 처럼 데이터형을
나타내는 이름이며, 사용할 자료는 묶어서 처리할 하나의 자료형을 정의해주는 것이다.
이전 입력 예제와 같이 한 줄에 3 개의 데이터라면 다음과 같이 단순히 정의할 수 있다.

```
struct data {
  int a, b, c;
};
```

구조체의 데이터형으로 변수를 선언하는 경우, 구조체내의 자료에 접근하려면 "." 으로
접근할 수 있다. 아래의 예제 코드는 구조체의 입출력을 다룬 것이다.

```cpp
#include <iostream>

using namespace std;

struct data {
  int a, b, c;
};

int main()
{
  data x;

  cin >> x.a >> x.b >> x.c;

  cout << x.a << endl;
  cout << x.b << endl;
  cout << x.c << endl;

  return 0;
}
```

data 구조체 형에는 a, b, c 변수가 사용할 자료가 된다. data 구조체 형으로 선언된 변수는 내부 자료인 a, b, c 를 접근하기 위해 코드와 같이 "x.a" 와 같은 방식으로 접근하였다. 이전에 입력 데이터는 배열형으로 처리해야 한다. 배열로 입출력한 코드는 다음과 같다.

```cpp
#include <iostream>

using namespace std;

struct data {
  int a, b, c;
};
```

```
int main()
{
  data x[100];
  int i, n;

  cin >> n;
  for (i = 0; i < n; i++) cin >> x[i].a >> x[i].b >> x[i].c;

  for (i = 0; i < n; i++) {
    cout << x[i].a << " " << x[i].b << " " << x[i].c << endl;
  }

  return 0;
}
```

마지막으로 구조체를 정렬하는 방법에 대해서 알아보자. sort 함수는 당연히 구조체를 정렬할 수 있다. 일반적으로 C++ 에서 제공되는 데이터 형인 int, double 의 경우는 별다른 함수를 제공하지 않고도 사용할 수 있지만, 우리가 정의한 데이터 형들은 함수를 제공해 주어야 한다. sort 에 제공할 함수 형태는 다음과 같다.

```
int 함수이름(const 데이터형 a, const 데이터형 b)
{
  순서가 제대로인 경우 0 이 아닌 값
  순서가 바뀐 경우는 0 을 리턴해야 한다.
}
```

리턴은 정수형이 되어야 하며, 정렬할 데이터 형이 a 와 b 변수의 데이터 형으로 선언되어야 한다. a 와 b 는 배열 내에서 앞에 있는 원소가 a, 뒤에 있는 원소가 b 가 된다. 따라서, 두 원소의 값이 원하는 정렬 순서라면 0 이 아닌 값을 리턴하도록 작성하여야 하며, 원하는 순서가 아닌 경우는 0 이 리턴되도록 해야 한다. 이전에 선언한 data 구조체 형에서 마지막 c 자료를 기준으로 정렬하려면 sort 에 제공할 함수는 다음과 같다.

```
int data_cmp(const data a, const data b)
{
    return a.c < b.c;
}
```

이제 입력된 데이터를 마지막 열을 기준으로 정렬하는 코드를 살펴보자.

```cpp
#include <iostream>
#include <algorithm>

using namespace std;

struct data {
    int a, b, c;
};

int data_cmp(const data a, const data b);

int main()
{
    data x[100];
    int i, n;

    cin >> n;
    for (i = 0; i < n; i++) cin >> x[i].a >> x[i].b >> x[i].c;

    sort(x, x+n, data_cmp);

    for (i = 0; i < n; i++) {
        cout << x[i].a << " " << x[i].b << " "<< x[i].c << endl;
    }

    return 0;
}
```

```
int data_cmp(const data a, const data b)
{
    return a.c < b.c;
}
```

sort 함수를 사용할 때, 위 코드와 같이 마지막에 제공될 함수 이름을 넣어주어야 한다.

Lesson6 연결 리스트 구조

연결 리스트는 현재 데이터가 다음 데이터의 위치를 갖고 있는 구조이다. 그림으로 표현하면 다음과 같다.

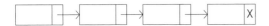

마지막 X 표시는 더 이상 데이터가 없음을 나타낸다. 하나의 구조만 떼 보면 다음과 같다.

연결리스트는 데이터와 다음 위치를 저장할 공간이 필요하다. STL 에서 list 를 제공하지만 이전에 사용한 vector 나 deck 으로 충분히 구현가능하기 때문에 현재는 따로 설명하지 않겠다. 리스트는 자료 중간에서 삽입과 삭제가 무수히 많이 발생할 때 사용하면 속도를 높일 수 있다. 리스트가 필요한 문제가 나오면 따로 자세히 설명하도록 하겠다. UVA302 번 문제에서는 정점에 연결된 간선을 표현하기 위해서 리스트 구조를 사용하였다.

Lesson7 함수에 값 전달하기

함수에 값을 전달할 때는 단순히 값만 전달 할 때도 있고, 값을 바꾸기를 원할 때도 있다. 다음 코드는 단순히 값만 전달한다. 함수를 불렀어도 값은 바뀌지 않는다.

```cpp
#include <iostream>

using namespace std;

void func(int a);

int main()
{
    int x = 10;

    cout << x << endl;

    func(x);

    cout << x << endl;

    return 0;
}

void func(int a)
{
    a *= 2;
}
```

위의 경우는 x 변수의 값을 func 함수에 전달하였다. func 함수에서는 x 값을 a 에 복사하면서 값이 저장된다.

func 함수에서 a 값은 2 배로 바뀐다.

x [10]   a [20]

마지막으로 func 함수 실행이 끝나면, func 함수에 선언되었던 a 변수는 메모리에서 해제된다.

x [10]

메모리에는 x 만 남게 되어, 다시 x 를 출력하면 원래 값인 10 이 출력된다. 따라서, 이렇게 전달되는 변수는 함수에서 바꿀 수 없다. 함수로 전달되는 값을 바꾸려면 참조 연산자 '&' 를 사용해야 한다. 값을 바꾸는 코드는 다음과 같다.

```cpp
#include <iostream>

using namespace std;

void func(int &a);

int main()
{
    int x = 10;

    cout << x << endl;

    func(x);
```

```
    cout << x << endl;

    return 0;
}

void func(int &a)
{
    a *= 2;
}
```

위와 같이 함수에서 변수를 전달 받을 때 참조 연산자 '&'를 사용하게 되면 전달되는 변수와 같은 공간을 함수에서 정한 변수 이름으로 사용하게 된다. 즉, 다음 그림과 같다.

$$x \quad \boxed{10} \quad a$$

즉, x 변수로 지정된 공간을 a 변수로 같은 곳을 나타내게 된다. func 에서 a 변수를 이용해서 값을 2 배로 바꾸면 다음과 같이 바뀐다.

$$x \quad \boxed{20} \quad a$$

func 함수 실행이 끝나면, a 변수로 지정되었던 곳의 a 변수 이름이 사라진다.

$$x \quad \boxed{20}$$

함수에서 참조 연산자를 사용하면 전달된 변수의 값을 바꿀 수 있게 된다. x 값이 변경된 채로 함수가 종료되었기 때문에, x 값을 출력하면 20 이 된다.

Lesson8 한 줄 조건문 ? :

조건문이 짧은 경우는 줄여서 한 줄 조건문으로 사용할 수 있다. 한 줄 조건문의 형식은
다음과 같다.

> (조건문) ? 참일때 실행문 : 거짓일때 실행문

위와 같이 '?' 앞의 조건문이 참이면 '?' 바로 뒤의 문장을 실행하고, 거짓이면 ':' 뒤의
문장을 실행하게 된다.

```
if (a == 2) c = 4;
else c = 10;
```

위와 같은 조건문은 다음과 같이 줄여 쓸 수 있다.

```
c = ((a == 2) ? 4 : 10);
```

출력문에서도 다음과 같이 사용될 수 있다.

```
cout << ((a % 2) ? "홀수" : "짝수") << endl;
```

전체적으로 "()"를 하나 더 둘러싸놓은 건 "<<" 이 우선 순위가 "? :" 보다 높기
때문이다.

Lesson9 UVA291 산타클로스 집

어린 시절, 당신도 산타클로스 집의 수수께끼를 풀고 싶어했을 것이다. 중요한 점은 직선을 두 번 그리지 않고, 연필을 떼지 않고 집을 그려야 한다는 것이다. 산타클로스 집은 아래 그림과 같이 생겼나.

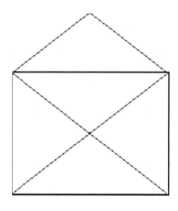

산타클로스 집

몇 년 후, 컴퓨터로 다시 그려야만 한다고 가정해보자. 왼쪽 하단 모서리에서 시작하여 그릴 수 있는 모든 가능한 방법을 찾아야 한다. 다음 그림은 산타클로스 집을 그리는 한 가지 방법이다.

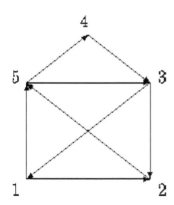

이 순서대로라면 153125432 와 같이 출력되어야 한다.

모든 가능한 방법을 사전식 오름차순으로 출력해야 한다. 즉, 1234... 는 1235... 보다 앞에 나와야 한다.

 출력

출력은 다음과 같이 구성될 것이다. 물론 중간에는 생략된 것이다.

```
12435123
13245123
...
15123421
```

풀이

단순히 산타클로스 집의 간선을 1 부터 시작해서 차례대로 방문하는 모든 경로로 DFS
로 방문하면서 출력하면 된다.

```cpp
#include <iostream>

using namespace std;

bool    a[6][6]    =    {{0},    {0,0,1,1,0,1},    {0,1,0,1,0,1},    {0,1,1,0,1,1},
{0,0,0,1,0,1}, {0,1,1,1,1,0}};
int path[10] = {0}, cnt = 8, pos = 0;

void Euler(int x)
{
  int i;

  path[pos++] = x;

  if (pos == 9) {
    for (i = 0; i < 9; i++) cout << path[i];
    cout << endl;
    pos--;
    return;
  }

  for (i = 1; i <= 5; i++) {
    if (a[x][i]) {
      a[x][i] = a[i][x] = false;
      Euler(i);
      a[x][i] = a[i][x] = true;
    }
  }

  pos--;
```

```
}

int main()
{
    Euler(1);
    return 0;
}
```

Part 5 Hamilton Circuit

Lesson1 Hamilton Circuit

해밀턴 회로는 모든 정점을 방문하여 처음 출발점으로 돌아오는 회로이다. 해밀턴 회로를 사용하려면 일단 그래프를 배열로 표현해야 한다. 만일, 다음과 같은 그래프가 있다고 하자.

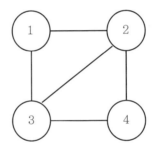

그래프는 2차원 배열로 나타내게 된다. 간선이 연결된 곳은 1, 그렇지 않은 곳은 0 으로 저장한다. 위의 그래프를 배열로 표현하면 다음과 같다.

	1	2	3	4
1	0	1	1	0
2	1	0	1	1
3	1	1	0	1
4	0	1	1	0

해밀턴은 정점을 두 번 이상 방문하지 않아야 하므로, 처음 false 로 해두었다가 한번 방문하면 true 로 바꾸어 정점을 체크하는 것만 오일러 코드에 추가하면 해밀턴 코드가 된다. 해밀턴 회로에 대한 입력 예제가 다음과 같다.

```
4 5
1 2
1 3
2 3
2 4
3 4
```

입력의 첫 번째 줄은 정점의 개수와 간선의 개수를 나타낸다. 다음에 간선의 개수 만큼 한 줄씩 간선으로 연결되는 두 정점의 번호가 입력된다. 이 입력에 대한 해밀턴 회로 중 하나를 출력하는 코드는 다음과 같다.

```cpp
#include <iostream>

using namespace std;

int m, n;
int a[100][100];
int path[10000];
bool check[100];

bool HamiltonCircuit(int vertex, int idx)
{
    path[idx] = vertex;
    int i;

    // 정점이 다 방문되면 해밀턴 회로 출력
    if (idx == n && path[0] == path[n]) {
        cout << path[0];
        for (i = 1; i <= n; i++) cout << "-" << path[i];
        cout << endl;
        return true;
    }

    for (i = 1; i <= n; i++) {
```

```
    if (a[vertex][i] == 1 && !check[i]) {
      // vertex, i 가 연결되는 간선을 이제 사용하므로,
      // 다시 사용 안되도록 0 으로 바꿈
      a[vertex][i] = a[i][vertex] = 0;

      // 또한 현재 사용되는 정점이 다시 방문 안되도록 true 로 체크
      check[i] = true;

      // 재귀호출로 부르며, 한번이라도 출력되면 실행 종료
      if (HamiltonCircuit(i, idx+1)) return true;

      // 다시 복구
      a[vertex][i] = a[i][vertex] = 1;
      check[i] = false;
    }
  }

  return false;
}

int main()
{
  int i, x, y;

  cin >> n >> m;

  for (i = 0; i < m; i++) {
    cin >> x >> y;
    a[x][y] = a[y][x] = 1;
  }

  // 시작점 선택
  for (i = 1; i <= n; i++) {
  // 하나의 회로가 발견되면 실행 중단
    if (HamiltonCircuit(i, 0)) break;
  }
```

```
    return 0;
}
```

실행결과는 다음과 같다.

```
1->2->4->3->1
```

이제 해밀턴 회로를 이용할 수 있는 문제를 풀어보자.

 Lesson2 UVA216 연결선 얻기

컴퓨터 네트워킹은 네트웍 상의 컴퓨터들을 연결시키는 작업이 요구된다.

이 문제는 선형 네트웍을 다룬다. 선형 네트웍에서 선로의 두 끝 지점의 컴퓨터는 다른 컴퓨터 한 대와 연결되어야 한다. 끝 지점을 제외한 컴퓨터들은 정확히 두 대의 다른 컴퓨터들과 연결되어야 한다. 예제는 아래 그림과 같다. 여기서 컴퓨터 들은 검정색 점들이며, 네트웍에서 각 컴퓨터의 위치는 평면 좌표로 주어진다. 그림에서는 좌표를 나타내지 않았다.

네트웍에서 연결된 컴퓨터들 사이의 거리는 그림처럼 피트 단위를 사용한다.

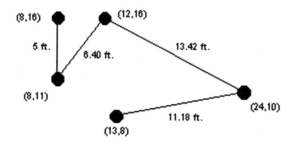

여러 이유 때문에, 사용되는 케이블의 길이의 최소화가 요구된다.

필요한 케이블의 양을 최소화하기 위해, 컴퓨터가 선로에 접속될 수 있는 방법을 결정하여라. 설치 과정에서 케이블은 바닥 아래에 매설된다. 네트웍에서 인접한 2 대의 컴퓨터를 연결하기 위해 사용되는 케이블은 컴퓨터 간의 거리에다가 바닥에서 컴퓨터까지 접속하는 16 피트가 추가된 길이과 같다. 설치를 수월하게 하기 위해 케이블을 느슨하게 설치한다.

아래 그림은 위에서 보여준 컴퓨터들을 연결하는 최적의 방법을 보여준다. 아래 그림에서 요구되는 케이블의 총 길이는 (4+16)+ (5+16) + (5.83+16) + (11.18+16) = 90.01 피트이다.

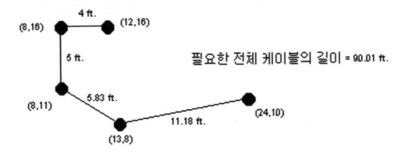

입력

입력은 여러 테스트 데이터로 구성된다. 각 테스트 데이터는 네트웍 상의 컴퓨터 대수를 나타내는 정수로 시작된다. 각 네트웍에는 2 ~ 8 대의 컴퓨터가 존재한다. 컴퓨터 대수가 0 인 것은 입력의 끝을 나타낸다.

다음 줄부터 컴퓨터 대수 만큼의 컴퓨터의 좌표가 한 줄에 하나씩 입력된다. 이들 좌표는 0 ~ 150 사이의 정수로 구성된다. 두 컴퓨터가 동일한 좌표에 존재하는 데이터는 없으며, 각 컴퓨터는 한 번만 입력된다.

출력

각 네트웍에 대한 출력에는 입력 순서에 의해서 결정되는 네트웍 번호를 한 줄로 출력하고, 네트웍 상의 각 인접한 한 쌍의 컴퓨터들과 이들을 연결하는 케이블의 길이를 한 줄씩 출력한다. 마지막 줄에는 사용된 케이블의 총 길이를 출력해야 한다.

케이블 목록에서, 한 컴퓨터에서 다른 컴퓨터로 연결하는 네트웍 순서대로 방문되어야 한다. 입력의 첫 번째 점이 시작점이 된다. 출력 형식은 아래 출력 예제를 참고하여라. 각 테스트 데이터의 결과를 출력하기 전에 별표(*) 한 줄을 삽입해야 하며, 거리의 피트 값은 소수점 둘째 자리까지 출력하도록 한다.

입력 예제

```
6
5 19
55 28
38 101
28 62
111 84
43 116
5
11 27
84 99
142 81
88 30
95 38
3
132 73
49 86
72 111
0
```

출력 예제

```
********************************************************
*
Network #1
Cable requirement to connect (5,19) to (55,28) is 66.80 feet.
Cable requirement to connect (55,28) to (28,62) is 59.42 feet.
Cable requirement to connect (28,62) to (38,101) is 56.26 feet.
Cable requirement to connect (38,101) to (43,116) is 31.81 feet.
Cable requirement to connect (43,116) to (111,84) is 91.15 feet.
Number of feet of cable required is 305.45.
********************************************************
*
Network #2
Cable requirement to connect (11,27) to (88,30) is 93.06 feet.
Cable requirement to connect (88,30) to (95,38) is 26.63 feet.
Cable requirement to connect (95,38) to (84,99) is 77.98 feet.
Cable requirement to connect (84,99) to (142,81) is 76.73 feet.
Number of feet of cable required is 274.40.
********************************************************
*
Network #3
Cable requirement to connect (132,73) to (72,111) is 87.02 feet.
Cable requirement to connect (72,111) to (49,86) is 49.97 feet.
Number of feet of cable required is 136.99.
```

메모장

풀이

이 문제는 정점들과 연결된 간선이 규정되어 있지 않다. 따라서, 자기 자신을 제외한 모든 정점에 연결된 완전 그래프라고 규정할 수 있다. 완전 그래프는 다음과 같다.

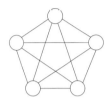

위 그림은 한 정점이 다른 정점과 모두 연결되어 있다. 문제에서 입력으로 간선 정보는 들어오지 않지만, 문제에서 어느 컴퓨터와도 연결될 수 있으므로 모든 컴퓨터와 연결될 수 있는 완전 그래프로 생각해야 한다.

입력된 정점들의 좌표를 기준으로 각 정점들간의 거리를 계산한다. 다음으로 정점들을 순서대로 배치할 수 있는 모든 경우를 고려해야 한다. 정점번호를 차례대로 쓰면 다음과 같다.

```
0 1 2 3 4
```

위를 순열이라고 하면, 사전식 순서에 의해서 동일한 원소를 갖는 다음 수열은 다음과 같이 구해진다.

```
0 1 2 4 3
0 1 3 2 4
0 1 3 4 2
0 1 4 2 3
...
4 3 2 0 1
4 3 2 1 0
```

정점을 차례대로 배치하는 모든 경우를 구한 다음에, 각 순서대로 배치될 때 연결되는
선로의 길이가 가장 작은 경우를 구하면 된다. 소스 코드는 다음과 같다.

```cpp
#include <iostream>
#include <cmath>
#include <iomanip>
#include <algorithm>

using namespace std;

double w[8][8], len;
int s[8], n;

void HamiltonPath();

int main()
{
  int a[8][2];
  int i, j;
  int ic = 1;

  while (1) {
    cin >> n;
    if (n == 0) break;

    len = 99999999999.9;

    for (i = 0; i < n; ++i) cin >> a[i][0] >> a[i][1];

    for (i = 0; i < n; ++i) {
      for (j = 0; j < n; ++ j) {
        if (i == j) continue;

        // 각 정점간의 거리 구하기
        w[i][j] = sqrt(pow(a[i][0] - a[j][0], 2.0) +
                  pow(a[i][1] - a[j][1], 2.0)) + 16.0 ;
```

```
      }
    }

    HamiltonPath() ;

    cout <<
    "****************************************************
*******"
      << endl ;
    cout << "Network #" << ic++ << endl ;

    for (i = 0; i < n-1; ++i) {
      cout.setf(ios::showbase | ios::fixed);

      cout << "Cable requirement to connect (";
      cout << a[s[i]][0] << "," << a[s[i]][1] << ") to (";
      cout << a[s[i+1]][0] << "," << a[s[i+1]][1] << ") is ";
      cout << setprecision(2) << w[s[i]][s[i+1]] << " feet."
          << endl;
    }

    cout << "Number of feet of cable required is "
        << setprecision(2) << len << "." << endl;
  }

  return 0;
}

void HamiltonPath()
{
  int c[8];
  int i;
  double result = 0.0;

  for (i = 0; i < n; i++) c[i] = i;

  do {
```

```
    // 각 정점을 연결하는 순서대로 길이 구하기
    result = 0.0;
    for (i = 0; i < n-1; ++i) result += w[c[i]][c[i+1]];

    // 가장 작은 길이의 순서 복사
    if (result < len)         {
      copy(c, c+n, s);
      len = result;
    }
  } while(next_permutation(c, c+n));
  // 다음 수열 구하기
}
```

Lesson3 다음 순열 만드는 next_permutation

현재 순서의 다음 순열을 만들어 준다. 예를 들어 처음 순열이 "A B C" 라면 다음
순열들은 다음과 같다.

A B C

A C B

B A C

B C A

C A B

C B A

동일한 원소로 구성할 수 순서 중에서 사전식 순서로 배치하는 것과 같다.

next_permutation 의 사용법은 다음과 같다.

bool next_permutation(시작 위치, 마지막 위치+1);

이 함수는 더 이상 다음 순열을 만들어 낼 수 없는 경우에 false 가 리턴된다. 현새 순열이 "B A C" 인 상태에서 next_permutation 을 호출해주면, 순열이 "B C A" 로 바뀌는 것이다.

Lesson4 이전 순열 만드는 prev_permutaiton

prev_permutation 은 next_permutation 의 반대이다. 바로 앞의 순열을 만들어 준다. 사용법은 다음과 같다.

bool prev_permutation(시작 위치, 마지막 위치+1);

사용법은 둘 다 같다. 역시 더 이상 이전 순열을 만들어 낼 수 없는 경우 false 를 리턴하게 된다. 이 두 함수를 사용하는 에제를 살펴보자.

```cpp
#include <iostream>
#include <algorithm>

using namespace std;

int main()
{
  int a[5] = {1, 2, 3, 4, 5};
  int i;

  for (i = 0; i < 5; i++) cout << a[i] << " ";
  cout << endl;

  // 다음 순열 만들기
  next_permutation(a, a+5);

  for (i = 0; i < 5; i++) cout << a[i] << " ";
```

```
  cout << endl;

  // 이전 순열 만들기
  prev_permutation(a, a+5);

  for (i = 0; i < 5; i++) cout << a[i] << " ";
  cout << endl;

  // 다음 순열을 만들 수 있는 동안 계속 다음 순열 출력하기
  while (next_permutation(a, a+5)) {
    for (i = 0; i < 5; i++) cout << a[i] << " ";
    cout << endl;
  }

  // 이전 순열을 만들 수 있는 동안 계속 이전 순열 출력하기
  while (prev_permutation(a, a+5)) {
    for (i = 0; i < 5; i++) cout << a[i] << " ";
    cout << endl;
  }

  return 0;
}
```

Lesson5 UVA10496 부저 모으기

카렐은 각각의 위치가 x, y 정수 좌표계로 세팅된 직사각형 좌표 시스템에서 행동하는 로봇이다. 카렐이 땅위에 떨어진 여러 부저들을 줍는 것을 도와줄 프로그램을 작성해야 한다. 이를 위해서, 각 부저가 위치한 곳으로 카렐을 이끌어야 한다. 카렐이 시작 지점으로부터 모든 부저들을 다 거치고 시작 지점으로 돌아오는 최단 경로의 길이를 구하는 프로그램을 작성하여라.

카렐은 x 축과 y 축을 따라서 이동할 수만 있다. (i, j) 에서 인접한 위치 (i, j+1), (i, j-1), (i-1, j), (i+1, j) 로 이동하는 것은 비용 1 이 사용된다.

카렐의 영역은 20 × 20 크기를 넘지 않으며, 주워야 할 부저는 최대 10 개이다. 각 좌표는 (x, y) 쌍으로 구성된다.

입력

입력은 여러 테스트 데이터로 구성된다. 첫 번째 줄에는 테스트 데이터의 개수가 입력된다. 각 테스트 데이터의 첫 번째 줄에는 카렐의 영역 크기가 입력된다. 영역의 크기는 x 축의 크기와 y 축의 크기로 두 개의 정수로 입력된다. 다음 줄에는 카렐의 시작 지점을 나타내는 두 정수가 입력된다. 다음 줄에는 부저의 개수가 하나 입력된다. 다음 부저의 개수만큼 각 부저의 좌표가 정수 두 개로 한 줄에 하나씩 입력된다.

출력

각 테스트 마다 시작 지점으로부터 모든 부저를 다 줍고 다시 시작 지점으로 돌아오는 최단 경로를 한 줄씩 출력해야 한다. 출력 형식은 출력 예제를 참고하여라.

입력 예제

```
1
10 10
1 1
4
2 3
5 5
9 4
6 5
```

출력 예제

The shortest path has length 24

풀이

시작점이 양끝에 붙는다는 점만 제외하면 중간에 부저간의 이동은 완전 그래프에 속한다. 따라서, 이전 문제처럼 순열을 이용하여 다음 순열을 구하면서 처음과 마지막에 시작 지점을 덧붙여서 길이를 구한다. 코드는 다음과 같다.

```cpp
#include <iostream>
#include <algorithm>

using namespace std;

#ifdef _MSC_VER
#define min _MIN
#endif

int mn, w[10][10];
int n;

void hamilton(){
    int i, d;

    // 초기 순열 정보 저장
    int beep[11] = {0,1,2,3,4,5,6,7,8,9,10};

    do {
        // 현재 순열 정보에 시작 지점을 처음과 끝에 더해서 길이를
        // 구한다.
        d = w[0][beep[1]];
        for (i = 1; i < n; i++) d += w[beep[i]][beep[i+1]];
        d += w[beep[n]][0];

        // 최소 길이 갱신
        mn = min(mn, d);
    } while (next_permutation(beep+1, beep+n+1));
    // 다음 순열을 시작 지점을 제외하고 구한다.
```

```
}

int main()
{
    int i, j, cases;
    int x[11], y[11];

    cin >> cases;
    while (cases--) {
// 실제 영역의 크기는 프로그램에 필요없는 정보 이므로
// i, j 로 입력 받지만 사용하지는 않는다.
        cin >> i >> j;
        cin >> x[0] >> y[0];
        cin >> n;

        // 각 부저 좌표 입력
        for (i = 1; i <= n; i++) cin >> x[i] >> y[i];

        // 시작 지점을 포함한 전체 완전 그래프 간의 길이 구하기
        for (i = 0; i <= n; i++) {
            for (j = 0; j < i; j++) {
                w[i][j] = w[j][i] = abs(x[i]-x[j])+abs(y[i]-y[j]);
            }
        }

        mn = 99999;
        hamilton();
        cout << "The shortest path has length " << mn << endl;
    }

    return 0;
}
```

MST(Minimum spanning tree: 최소 신장 트리)의 개념을 위해서 그래프에서 사용되는 몇 가지 개념들을 알아보자.

연결된 그래프

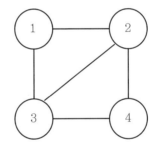

그래프는 점과 선으로 이루어진 도형을 나타낸다. 이때 연결된 그래프는 어떤 두 정점을 선택했을 때, 어떻게 가더라도 갈 수 있는 길이 있어야 하는 그래프를 말한다.

비방향 그래프

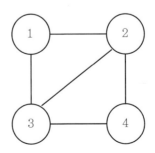

위와 그래프와 같이 한 정점에서 다른 정점으로 가는 방향이 없는 그래프가 비방향 그래프이다. 예를 들어, 1 과 2 에 연결되 있는 간선을 통하면, 1 에서도 2 로 갈 수 있으며, 2 에서도 1 로 갈 수 있다.

방향 그래프

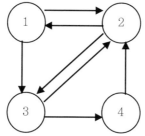

위 그래프는 방향을 갖는 그래프이다. 따라서, 1 에서 3 으로는 갈 수 있지만, 3 에서 1 로는 가지 못한다. 또한, 위 그래프를 배열로 표현할 때는 방향이 있는 간선에 대해서만 1로 세팅한다. 위 그래프는 2차원 배열로 나타내게 된다. 갈 수 있는 방향의 간선이 연결된 곳은 1, 그렇지 않은 곳은 0 으로 저장한다. 위의 그래프를 배열로 표현하면 다음과 같다.

	1	2	3	4
1	0	1	1	0
2	1	0	1	0
3	0	1	0	1
4	0	1	0	0

가중치포함 방향 그래프

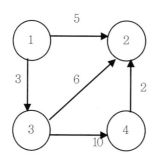

위 그래프는 방향 그래프이면서 각 간선에 가중치를 포함하고 있다. 따라서, 위 그래프를 가중치포함 방향 그래프라고 한다. 위 그래프를 배열로 저장한다면, 각 간선 정보가 연결된 곳에 1을 저장하는 대신 가중치를 저장하게 된다.

신장 트리

신장 트리(Spanning tree)는 순환이 없는 그래프를 말한다. 이산 수학에서는 신장 트리를 수형도라고 말한다. 우리가 잘 알고 있는 이진 트리나 기타 트리 구조에서도 순환이 없다. 순환이 없다는 말은 어느 정점에서 다른 정점으로 가는 경로가 유일하다는 말과 같다.

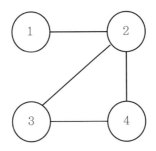

위 그래프는 [2, 3, 4] 에서 순환이 발생하므로 신장 트리가 될 수 없다.

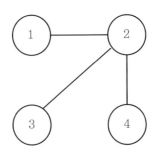

위 그래프는 어느 두 정점을 선택했을 때 갈 수 있는 길이 유일하므로, 신장 트리라고 할수 있다.

최소 신장 트리

가중치 포함 비방향 그래프가 주어졌을 때, 간선을 끊어서 여러 신장 트리를 만들어 낼
수 있다.

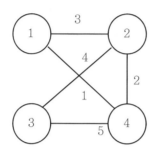

위 그림과 같은 가중치 포함 비방향 그래프가 있을 때, 간선을 몇 개 끊어서 신장트리를
만들어 보면 다음과 같은 신장 트리들이 만들어 질 수 있다.

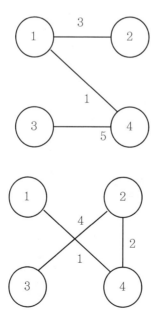

위 그림은 둘 다 원래의 그래프에서 간선을 제거해 만드는 신장 트리이다. 이 신장트리의 가중치의 합을 계산하면, 상단의 신장트리는 9 가 되며, 하단의 신장트리는 7 이 된다. 원래 그래프에서의 최소 신장트리의 하단의 신장트리가 된다.

Lesson2 Prim

프림과 크루스칼은 둘다 그래프에서 최소 신장트리를 구하는 알고리즘이다. 우선 프림에 대해서 살펴보자. 프림은 일단 한 정점을 선택하여 연결된 최소 값의 간선을 하나씩 선택해가는 알고리즘이다. 1 번 정점에서 출발해보자.

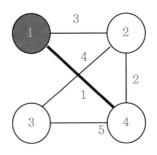

우선 1 번 정점에서 연결된 점들은 2 로는 9, 4 로는 1 의 가중치를 갖고 있다. 이때, 최소 값을 갖는 간선 1 과 4 가 연결된 간선을 선택한다.

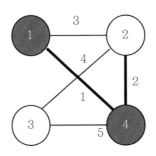

1 번 정점에서 연결된 4 번 정점까지 고려하여, 두 정점에서 연결된 간선 중 가장 작은 간선을 선택한다. 즉, 1-2, 4-2, 4-3 의 간선 중에서 가중치가 가장 작은 4-2 가 선택된다.

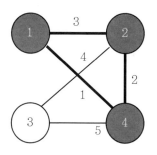

이번에는 2 번 정점까지 3 개의 정점을 기준으로 연결된 간선을 검사한다. 위 그림에서 2-3 보다는 2-1 간선이 가중치가 더 적지만, 2-1 간선을 선택하게 되면 순환이 발생하게 된다. 순환이 발생하면 신장 트리 조건에 위배된다.

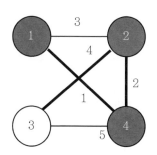

따라서, 위와 같이 순환이 발생되지 않는 간선 중 최소 가중치를 갖는 간선을 다음 간선으로 선택해야 한다.

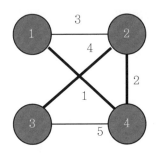

위와 같이 모든 정점이 포함되면, 다시 말해서 정점 개수가 n 일 때 선택된 간선의 개수가 n-1 개가 되면 최소 신장 트리가 구해진다. 이제 설명한 프림 알고리즘을 구현해보자.

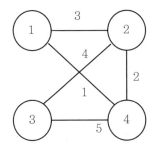

위의 가중치 포함 비방향 그래프를 입력 예제로 표현하면 다음과 같다.

```
4 5
1 2 3
1 4 1
2 3 4
2 4 2
3 4 5
```

입력의 첫 번째 줄은 정점의 개수와 간선의 개수를 나타낸다. 다음에 간선의 개수만큼
한 줄씩 간선으로 연결되는 두 정점의 번호와 해당 간선의 가중치가 입력된다. 이
입력에 대한 인접 행렬은 다음과 같이 구성된다.

	1	2	3	4
1	0	3	∞	1
2	3	0	4	2
3	∞	4	0	5
4	1	2	5	0

인접행렬 구성시, 간선이 연결되어 있지 않은 정점 간에는 ∞ 로 세팅한다. 자신의
정점에는 0 으로 세팅하며, 입력되는 간선 정보는 해당 가중치로 세팅한다. 비방향
그래프의 정보는 두 정점 모두 같은 가중치로 세팅한다. 방향 그래프라면 시작 정점,
도착 정점에만 가중치를 저장해준다.

프림은 처음 1 번 정점에서 출발하므로, 1 번 정점에서 다른 정점으로 가는 거리와
어디에서 왔는지를 저장해준다.

	1	2	3	4
Distance	−1	3	∞	1
From	1	1	1	1

Distance 배열은 인접 행렬의 1 행의 값을 복사하고, 1 번 정점의 값은 −1 로 바꿔준다.
−1 이라는 값은 방문된 정점을 나타내는 것이다. From 은 해당 정점이 어느 정점에서
오는 간선인지를 나타내는 값이 된다.

이제 1 번 정점과 연결된 간선중 최소 가중치의 간선을 구한다. Distance 배열에서 −1
이 아닌 최소값을 구하면 되겠다. 위 표에서는 Distance[4] 의 값이 구해진다. 즉, 1–4
간선이 선택되는 것이다. 최소값을 갖는 정점을 idx 라고 한다면, (From[idx], idx)
간선이 선택되는 것이다.

이렇게 하나의 최소 가중치의 간선을 선택한 후에는 새로운 정점까지 고려한 최소 가중치를 찾아야 하므로, Distance 배열을 갱신하도록 한다.

4	1	2	3	4
	1	2	5	0

인접 행렬의 4 행의 값을 기준으로 Distance 를 갱신한다.

	1	2	3	4
Distance	−1	3	∞	−1
From	1	1	1	1

최소 가중치로 선택되었던 4 번 정점의 Distance 를 가중치 합계에 더해주고, 이 정점은 선택된 것이므로 −1 로 세팅해준다. 그리고, −1 이 아닌 정점들은 4 번 정점에서 오는 가중치가 더 적으면 간선 정보를 갱신해준다. 위의 경우는 2 번과 3 번 정점 모두 4 번 정점에서 오는 가중치가 적으므로 갱신된다. 이때, From 도 4 번에서 오는 것으로 갱신한다.

	1	2	3	4
Distance	−1	2	5	−1
From	1	4	4	1

이제 다시 −1 이 아닌 최소 가중치를 찾으면, 2 번 정점이 선택되며, 인접 행렬의 2 행을 기준으로 갱신해준다.

	1	2	3	4
Distance	−1	−1	4	−1
From	1	4	2	1

마지막으로 −1 이 아닌 최소 가중치를 찾으면 모든 간선이 선택된다. 따라서, 1 번 정점을 제외한 From 에 저장된 값과 인덱스를 출력하면, 선택된 간선이 된다.
(2, 4) (3, 2) (4, 1)
이제 실제로 프림 알고리즘을 구현한 코드를 살펴보자.

```cpp
#include <iostream>

using namespace std;

int m, n;
int a[100][100];
int dist[100];
int from[100];

void prim()
{
  int i, j, min, idx, sum = 0;

  // 1 번 정점에서 처음 갈 수 있는 것으로 세팅
  for (i = 1; i <= n; i++) {
    dist[i] = a[1][i];
    from[i] = 1;
  }
  // 1 번 정점은 이미 방문한 것으로 처리
  dist[1] = -1;

  // 정점 개수 n 보다 1 개 적은 간선만 찾으면 된다.
  for (i = 1; i < n; i++) {
    min = 999999999;

    // 현재 연결되어 있는 정점에서 최소 가중치의 정점 선택
    for (j = 1; j <= n; j++) {
      if (dist[j] != -1 && min > dist[j]) {
        min = dist[j];
        idx = j;
      }
    }

    // 최소 가중치 합산
    sum += min;
```

```
    // 현재 선택된 정점을 방문하는 것으로 처리
    dist[idx] = -1;

    // 현재 선택된 정점에 대해서 dist 와 from 갱신
    for (j = 1; j <= n; j++) {
      if (dist[j] > a[idx][j]) {
        dist[j] = a[idx][j];
        from[j] = idx;
      }
    }
  }

  // 선택된 간선 정보 출력
  for (i = 2; i <= n; i++) {
    cout << "(" << from[i] << ", " << i << ") ";
  }
  cout << endl;

  // 최소 신장트리의 가중치 합계 출력
  cout << sum << endl;
}

int main()
{
  int i, j, x, y, z;

  // 데이터 입력
  cin >> n >> m;

  for (i = 1; i <= n; i++) {
    for (j = 1; j <= n; j++) {
      a[i][j] = 999999999; // 무한대 대신 세팅하는 값
    }
    a[i][i] = 0; // 정점에서 자신으로 가는 거리 = 0
  }
```

```
for (i = 0; i < m; i++) {
  cin >> x >> y >> z;
  a[x][y] = a[y][x] = z;
}

prim(); // 프림 호출

return 0;
}
```

실행결과는 다음과 같다.

```
(4, 2) (2, 3) (1, 4)
7
```

Lesson3 Kruskal

크루스칼 알고리즘은 이전에 나왔던 프림과 같이 최소 신장트리를 그리디로 구하는 또 다른 알고리즘이다. 간선의 개수가 작은 경우는 크루스칼이 프림보다 빠르며, 간선의 개수가 많은 경우는 프림이 빠르다. 즉, 프림은 간선의 개수에 상관없이 $O(n^2)$ 알고리즘이며, 크루스칼은 간선의 개수 m 일 때, $O(m \log m)$ 시간이 걸린다. 간선의 개수가 많아지면 $O(n^2 \log n)$ 알고리즘이 된다. 그럼 하나만 알고 있어도 상관없지 않는가? 그렇다. 하나만 알고 있어도 된다. 그러나 구현 기법을 공부한다는 측면에서 접근하도록 하자.

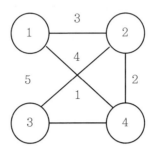

위 가중치 포함 비방향 그래프를 기준으로 시작해보자. 위의 그래프는 아래와 같은 입력 형식으로 구성된다.

```
4  5
1  2  3
1  4  1
2  3  4
2  4  2
3  4  5
```

크루스칼은 간선의 가중치가 작은 것부터 차례대로 고르게 된다. 따라서, 위의 입력 데이터에서 간선의 가중치를 오름차순으로 정렬하여 사용한다. 정렬하면 다음과 같아진다.

```
1  4  1
2  4  2
1  2  3
2  3  4
3  4  5
```

일단 각 정점은 각각 그룹으로 나누고, 각 그룹의 리더는 자기 자신이 되도록 한다.

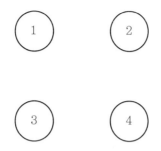

크루스칼은 인접행렬을 세팅할 필요가 없다. 단지, 같은 그룹에 속하는지 그렇지 않은지를 검사해야 할 필요가 있다.

	1	2	3	4
Group	1	2	3	4

이제 오름차순으로 정렬된 간선 정보로부터 서로 다른 그룹에 있는 간선들을 같은 그룹으로 만들면서 간선을 하나씩 선택해간다. 물론, 동일한 그룹에 있는 간선인 경우 무시하고 넘어가도록 한다. 동일한 그룹에 속하는 간선을 선택하면 순환이 발생되어 신장 트리 규칙을 위배하게 된다.

첫 번째 간선의 정보는 1 4 1 이다. 먼저, 1 번 정점과 4 번 정점의 그룹이 몇 번인지를 검사해야 한다. 현재 1 번 정점의 그룹은 1 이며, 4 번 정점의 그룹은 4 가 된다. 그룹이 다르므로 현재 간선은 선택될 수 있다. 합계에 간선의 가중치를 더해주고, 그룹은 같은 그룹이 되도록 세팅한다. 그룹 세팅 방법은 다음 장에서 설명하는 그룹 세팅을 참고하기 바란다. 1 번과 4 번 그룹 세팅은 그룹 세팅 방법을 적용하면 다음 배열과 같아진다.

	1	2	3	4
Group	1	2	3	1

그리고, 선택된 간선은 다음과 같다. 위에서 설명하는 그룹 세팅의 그림과는 별개인 선택되는 간선에 대한 그림이다. 앞으로의 설명에 사용되는 그림도 선택되는 간선에 대한 그림이 나올 것이다.

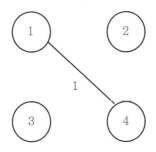

다시 한번 오름차순으로 정렬된 간선 정보를 살펴보자.

```
1 4 1
2 4 2
1 2 3
2 3 4
3 4 5
```

이번에는 다음 간선의 정보를 찾아보자. 2 번과 4 번 정점을 연결할 차례이다. 두 개의
그룹이 다르므로 다시 연결한다.

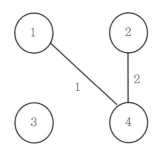

배열 정보는 다음같이 수정된다.

	1	2	3	4
Group	1	1	3	1

그 다음 간선은 1 번과 2 번을 연결하는 간선이다. 두 정점의 그룹 리더는 1 번 정점으로 같다. 따라서, 이 경우는 순환이 생기므로 넘어간다. 다음 간선은 2 번과 3 번 정점은 서로 다른 그룹이므로 선택할 수 있다. 따라서, 그림이 다음과 같이 변경된다.

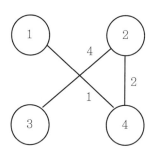

이제 최소 신장 트리가 형성되었고, 마지막 저장된 배열은 다음과 같을 것이다.

	1	2	3	4
Group	1	1	1	1

이전의 입력 예제를 이용한 크루스칼 코드를 살펴보자.

```cpp
#include <iostream>

using namespace std;

int m, n, start[100], end[100], weight[100];
int idx[100], sum, group[100];

int find(int idx)
{
    int queue[100], qc = 0;

    while (idx != group[idx]) {
        // 현재 자신의 그룹 리더가 전체 그룹 리더가 아닌 경우
        // 큐에 추가
```

```
     if (group[idx] != group[group[idx]]) queue[qc++] = idx;

     idx = group[idx];
  }

  // 큐에 저장된 원소에 대해 전체 그룹의 리더로 변경
  while(qc--) group[queue[qc]] = idx;

  return idx;
}

void kruskal()
{
  int i, j, t, cnt = 0, p, q;

  // 그룹 세팅과 인덱스 세팅
  for (i = 0; i < n; i++) group[i] = i;
  for (i = 0; i < m; i++) idx[i] = i;

  // 가중치에 대한 오름 차순으로 인덱스 정렬
  // start, end, weight 배열을 3 개 동시에 바꾸지 않고 인덱스만
  // 정렬한다.
  for (i = 0; i < m-1; i++) {
    for (j = i+1; j < m; j++) {
      if (weight[idx[i]] > weight[idx[j]]) {
        t = idx[i];
        idx[i] = idx[j];
        idx[j] = t;
      }
    }
  }

  // 차례대로 "정점개수-1" 개 만큼의 간선을 선택한다.
  for (i = 0; i < m; i++) {
    // 간선의 두 정점의 그룹 리더를 찾는다.
    p = find(start[idx[i]]);
    q = find(end[idx[i]]);
```

```
      // 서로 다른 그룹이면
      if (p != q) {
        // 합계에 가중치 합산
        sum += weight[idx[i]];

        // 그룹 리더 바꾸기
        if (p > q) group[p] = q;
        else group[q] = p;

        // 현재 간선 출력
        cout << "(" << start[idx[i]] << "," << end[idx[i]] << ") ";

        // 개수 증가
        cnt++;
      }

      // 정점개수-1 개이면 실행을 멈춘다.
      if (cnt == n-1) break;
  }

  // 합계 출력
  cout << endl << sum << endl;
}

int main()
{
  int i;

  // 데이터 입력
  cin >> n >> m;
  for (i = 0; i < m; i++) {
    cin >> start[i] >> end[i] >> weight[i];
  }

  // 크루스칼 호출
  kruskal();
```

```
    return 0;
}
```

실행결과는 다음과 같다.

```
(1,4) (2,4) (2,3)
7
```

Lesson4 그룹 세팅

그룹을 세팅하는 방법에 있어서 여러 방법이 있을 수 있다. 여기서는 두 가지만 다루어볼 것이다. 먼저 단순히 이전 그룹에 현재 그룹의 리더를 세팅하는 것이다.

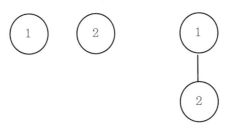

위와 같이 가장 단순한 방법은 그룹 리더의 번호가 더 적은 그룹의 리더를 전체 그룹의 리더로 만들고 동일한 그룹 1 로 세팅해주는 것이다. 그러나, 여러 개의 원소를 갖는 그룹들을 세팅할 때를 생각해보자.

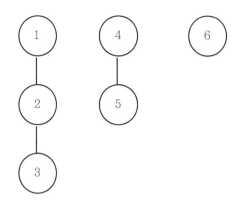

위와 같은 형식으로 3 개의 그룹이 있는 경우, 그룹에 대한 배열은 다음과 같이 세팅될 것이다.

	1	2	3	4	5	6
Group	1	1	2	4	4	6

먼저 3 번 정점의 리더는 2 이며, 2 의 리더는 1 이므로 같은 그룹 1 이 되는 것이다. 여기서, 3 번 정점과 5 번 정점을 연결한다고 가정해보자. 3 번 정점의 그룹 리더는 1 번 정점이며, 5 번 정점의 그룹 리더는 4 이므로 서로 다른 그룹이다.

이때, 3 번 정점의 그룹 리더 번호가 적으므로 두 그룹을 병합해 준다. 이때 더 큰 그룹의 리더 값을 더 적은 그룹의 리더 값으로 변경해준다.

	1	2	3	4	5	6
Group	1	1	2	1	4	6

그림으로 표시하면 다음과 같다.

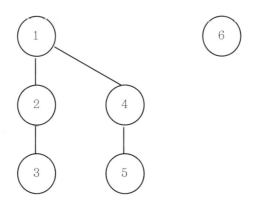

위와 같다. 다시 3 번과 6 번 정점을 연결한다면, 3 번 정점은 그룹 리더를 찾기 위해 다시 자신의 레벨 깊이만큼 찾아서 올라가야 한다. 깊이가 깊을수록 매번 이러한 그룹 리더 찾는 시간이 더 걸리게 된다. 따라서, 이를 개선하는 방법은 그룹의 리더를 찾을 때 현재 자신의 리더가 전체 그룹의 리더가 아닌 경우 큐에 자신의 인덱스를 저장해준다. 이렇게 저장된 큐의 원소들은 추후 그룹의 리더를 최상위 리더로 수정하게 되는 것이다. 현재 여기서는 3 번 그룹의 리더가 2 인데, 전체 그룹의 리더가 1 이므로 1로 수정될 수 있다. 이렇게 처리하는 경우 그림은 다음과 같아진다.

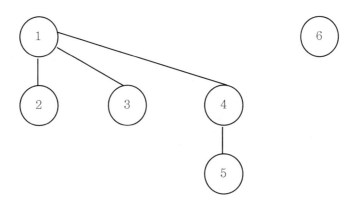

즉, 처음 연결되는 경우만 이전 깊이를 유지하며, 한번이라도 검색되면 바로 그룹 리더 밑에 존재하므로 1 번만 찾게 되면 그룹 리더를 찾을 수 있게 된다. 표는 다음과 같이 수정될 것이다.

	1	2	3	4	5	6
Group	1	1	1	1	4	6

이제 MST 관련 문제를 풀어보도록 하자.

 Lesson5 UVA534 개구리

왕눈이 개구리는 호수 안쪽의 어느 돌 위에 앉아 있다. 다른 돌위에 아로미 개구리가 앉아 있다는 사실을 눈치챘다. 왕눈이는 아로미에게 접근하기로 계획했다. 그러나, 물은 더러웠고, 여행객들의 썬크림으로 가득차 있어서, 수영을 피하고 점프해서 아로미에게 가려고 한다.

불행히도 아로미의 돌은 점프할 수 있는 범위 밖에 있다. 그래서, 왕눈이는 여러 번 조금씩 중간의 다른 돌로 점프해서 도달하려 한다. 점프 순서대로 실행되려면, 개구리의 점프 범위가 적어도 점프 순서상의 거리 중 가장 긴 거리만큼은 되어야 한다.

두 돌 사이의 개구리 거리는 두 돌 사이의 모든 가능한 경로에서 필요한 최소 점프 범위로 정의된다. 즉, 최대 중 최소 거리이다. 왕눈이의 돌, 아로미의 돌, 호수 내의 모든 다른 돌의 좌표가 입력된다. 왕눈이의 돌과 아로미의 돌 사이의 개구리 거리를 계산하여라.

입력

입력은 하나 이상의 테스트 데이터로 구성된다. 각 테스트 데이터의 첫 번째 줄에는 2 ~ 200 사이의 돌의 개수 n 이 입력된다. 다음 n 개 줄에는 #i 번 돌의 좌표를 나타내는 두 정수 x_i, y_i 가 한 줄씩 입력된다. x_i 와 y_i 는 0 ~ 1000 사이의 범위를 갖는다. #1 번 돌은 왕눈이의 돌이며, #2 번 돌은 아로미의 돌이고, 나머지 n-2 개의 돌은 아무도 차지하지 않은 빈 돌들이다. 각 테스트 데이터 사이에는 빈 줄이 한 줄씩 입력된다. 입력은 n 의 값으로 0 이 입력되면 종료된다.

출력

각 테스트 데이터에 대해서, "Scenario #x" 한 줄과 "Frog Distance = y" 를 출력하도록 한다. 여기서, x 는 1 부터 시작되는 테스트 데이터의 번호이며, y 는 개구리 거리를 소수점 세째 자리까지 실수로 출력해야 한다. 각 테스트 데이터의 결과 다음에 빈 줄을 하나 삽입한다. 마지막 결과 다음에도 삽입해야 한다.

입력 예제

```
2
0 0
3 4

3
17 4
19 4
18 5

0
```

출력 예제

```
Scenario #1
Frog Distance = 5.000

Scenario #2
Frog Distance = 1.414
```

메모장

풀이

돌을 정점이라고 한다면, 첫 번째 정점과 두 번째 정점간의 최소 신장 트리를 구해야
한다. Prim 과 Kruskal 로 구현 가능하다. 이 문제는 크루스칼로 해결하였으며, 그룹
세팅시 단순히 처음에 찾은 그룹들을 두 번째 찾은 그룹들로 세팅한다.

```cpp
#include 〈iostream〉
#include 〈iomanip〉
#include 〈cmath〉
#include 〈algorithm〉

using namespace std;

int n;
struct Vertex {
   int x, y;
   int group;
};
struct Edge {
   int a, b;
   int len;
};

Vertex v[200];
Edge e[40000];

int edge_cmp(const Edge &a, const Edge &b)
{
   return a.len 〈 b.len;
}
int cnt;

int sqr(int x)
{
   return x*x;
```

```
}

int main()
{
  int cases = 0, i, j, pos, p, q;

  while (cin >> n) {
    if (!n) break;
    cnt = 0;
    for (i = 0; i < n; i++) {
      cin >> v[i].x >> v[i].y;
      // 초기 그룹 세팅
      v[i].group = i;

      for(j = 0; j < i; j++) {
        e[cnt].a = i;
        e[cnt].b = j;
        // 두 점간의 거리를 구한다.
        e[cnt].len = sqr(v[i].x-v[j].x) + sqr(v[i].y-v[j].y);
        cnt++;
      }
    }
    // 간선 길이에 따라 정렬
    sort(e, e+cnt, edge_cmp);

    pos = 0;
    while (v[0].group != v[1].group) {
      // 간선에 연결된 두 점의 그룹 정보를 얻는다.
      p = v[e[pos].a].group;
      q = v[e[pos].b].group;

      // 무조건 p 그룹이였던 원소들을 q 그룹으로 바꾼다.
      for (i = 0; i < n; i++) {
        if (v[i].group == p) v[i].group = q;
      }
      ++pos;
    }
```

```
    --pos;

    cout << "Scenario #" << ++cases << endl;
    cout << "Frog Distance = " << setiosflags(ios::fixed)
        << setprecision(3) << sqrt(e[pos].len) << endl << endl;
    }

    return 0;
}
```

Lesson6 UVA10600 ACM 대회와 정전

2000 년에 첫 번째 전국 ACM 학교별 대회를 준비하는 과정에서, 개최 도시의 시장은 확실한 전력을 갖추어 모든 학교를 제공하기로 결정했다. 시장은 실제로는 정전이 두려웠다. 그래서, 확실한 진행을 위해, 발전소 "퓨처" 와 한 학교를 연결했다. 추가로, 다른 학교들이 마찬가지로 연결되어야 한다.

학교가 "퓨처" 에 직접 연결되었거나 안정적인 전력을 갖춘 다른 학교에 연결되었다면, 이 학교의 전력은 안정적이라고 판단해도 된다. 이 문제에서는 학교들 사이의 접속 비용이 주어진다. 시장은 최저 가격의 접속 계획 두 가지를 선택하기로 결정했다. 접속 비용은 전체 학교의 총 접속 비용이 된다. 당신은 시장이 두 가지의 최저 연결 계획을 찾도록 도와야 한다.

입력

입력은 1 ~ 15 사이의 테스트 데이터 개수 T 가 한 줄로 먼저 입력된다. 각 테스트 데이터의 첫 번째 줄은 3 ~ 100 사이의 범위로 도시의 학교 수를 나타내는 N 과 학교들 간에 가능한 연결 가능한 개수 M 이 입력된다. 다음에 M 개 줄에 걸쳐서, 세 개의 값 A,

B_i, C_i 가 입력된다. A_i 와 B_i 학교 사이의 연결 비용은 C_i 이다. C_i 의 범위는 1 ~ 300 이다. 학교는 1번부터 N 번까지 번호가 붙여진다.

 출력

각 테스트 데이터에 대해서 한 줄만 출력하면 된다. 그 한 줄에는 가장 싼 연결 계획에 따른 비용 두 가지 S_1, S_2 를 공백으로 구분하여 출력하도록 한다. S_1 가장 싼 비용이며, S_2 는 그 다음으로 싼 비용이다. 가장 싼 두 가지 비용이 동일할 수 있으며, 그렇지 않다면 S_1 <= S_2 이어야 한다. 이 문제에서는 항상 S_1 과 S_2 가 나온다.

입력 예제

```
2
5 8
1 3 75
3 4 51
2 4 19
3 2 95
2 5 42
5 4 31
1 2 9
3 5 66
9 14
1 2 4
1 8 8
2 8 11
3 2 8
8 9 7
8 7 1
7 9 6
9 3 2
3 4 7
3 6 4
7 6 2
```

```
4 6 14
4 5 9
5 6 10
```

출력 예제

```
110 121
37 37
```

메모장

첫 번째 풀이

이 문제는 크루스칼을 사용하여 MST 를 먼저 구해준다. 그 다음 현재 MST 에 속한 간선을 하나씩 끊어주며 다시 MST 를 구해서 끊어 주었을 때 가장 짧은 경우를 구해야 한다.

단순히 크루스칼을 구현하여 간선을 하나씩 없애고 다시 처음부터 MST 를 구해도 된다. 물론, 시간내에 Accepted 된다. 그러나, 좀더 머리를 회전해보면 크루스칼을 구현해가면서, 현재 간선이 MST 에 해당될 때 현재까지의 그룹 정보를 변경 시키지 않고, 현재 간선 정보를 사용하지 않고 계속 크루스칼을 한번 돌린다. 그리고, 다시 이번에는 사용하면서 다음으로 넘어가도록 해보자. 즉, 다음과 같은 순서를 갖는다.

1) 간선 정보를 정렬한다.
2) 차례 대로 간선을 하나 선택한다.
3) 간선에 포함된 정점이 다른 그룹인 경우
4) 현재 그룹 정보를 저장한다.
5) 현재 간선을 사용하지 않고 크루스칼을 수행하여 최소 거리를 계산한다. 이때 거리는 두 번째 거리로 계산한 값이다. 두 번째 거리의 최소값을 갱신한다.
6) 그룹 정보를 다시 복원한다.
7) 현재 간선을 사용하여 첫 번째 거리를 갱신하고 다음 간선을 처리하기 위해 2) 로 돌아간다.

즉, 한 개의 크루스칼을 수행해가면, 현재까지의 정보를 사용해서 간선을 사용하지 않고 서브 크루스칼을 수행하면서 동시에 첫 번째와 두 번째 거리를 구하도록 하는 것이 핵심이다. 코드를 살펴보자.

```cpp
#include <iostream>
#include <climits>
#include <algorithm>
```

```
using namespace std;

#ifdef _MSC_VER
#define min _MIN
#endif

int node, edge, cnt, second;

struct Edge {
  int v1, v2, len;
};

Edge e[10000];
int g[10000];

int edge_cmp(const Edge a, const Edge b)
{
  return a.len < b.len;
}

int grouping(int x)
{
  int i, j, k;

  i = x;
  while (g[i] != i) i = g[i];

  // 자신의 리더가 그룹의 리더가 아닌 경우 변경해준다.
  j = x;
  while (g[j] != j) {
    k = g[j];
    g[j] = i;
    j = k;
  }

  return i;
}
```

```
int sub_kruskal(int pre_cost, int cur_pos)
{
   int cost = pre_cost, p, q, i;

   for (i = cur_pos; i < edge; i++) {
      // 두 정점의 그룹 조사
      p = grouping(e[i].v1-1);
      q = grouping(e[i].v2-1);

      // 같지 않은 경우
      if (p != q) {
         // 신장 트리 길이에 합산
         cost += e[i].len;

         // 두 그룹 묶기
         if (p > q) g[p] = q;
         else g[q] = p;
         cnt++;
      }

      if (cnt == node-1) return cost;
   }

   return INT_MAX;
}

int kruskal()
{
   int cost = 0, p, q, save_cnt, t, i;
   int save_g[10000];

   for (i = 0; i < edge; i++) g[i] = i;

   for (i = 0; i < edge; i++) {
      // 두 정점의 그룹 조사
      p = grouping(e[i].v1-1);
```

```
    q = grouping(e[i].v2-1);

    // 같지 않은 경우
    if (p != q) {
      // 현재 그룹 정보 저장
      copy(g, g+edge, save_g);
      save_cnt = cnt;

      // 중간에서 서브 크루스칼을 현재 지점부터 돌린다.
      t = sub_kruskal(cost, i+1);
      second = min(t, second);

      // 신장 트리 길이에 합산
      cost += e[i].len;

      // 그룹 정보 복원
      copy(save_g, save_g+edge, g);
      cnt = save_cnt;

      // 두 그룹 묶기
      if (p > q) g[p] = q;
      else g[q] = p;
      cnt++;
    }
    if (cnt == node-1) return cost;
  }

  return INT_MAX;
}

int main()
{
  int i, n, first;

  cin >> n;

  while (n--) {
```

```
   cin >> node >> edge;
   for(i = 0; i < edge; ++i) {
     cin >> e[i].v1 >> e[i].v2 >> e[i].len;
   }

   sort(e, e+edge, edge_cmp);

   // MST 를 first 에 저장
   second = INT_MAX;
   cnt = 0;
   first = kruskal();

   cout << first << " " << second << endl;
   }

   return 0;
}
```

두 번째 풀이

MST 알고리즘이 프림과 크루스칼인데 너무 크루스칼로만 문제를 푼 것 같아서, 프림을 사용해서 다시 풀어보도록 하자. 프림을 사용할 때는 크루스칼 때와 같이 현재까지 사용한 정보를 그대로 사용할 수가 없다. 수행방식은 비슷하다. 현재 순서에서 가장 짧은 간선을 무한대로 바꾸고 처음부터 다시 서브 프림을 실행하는 것이다. 단, 정점의 개수가 많아지는 경우 n^3 이 되므로 최악의 데이터가 1 초를 넘어가는지 계산하여 풀어야 한다. 이 문제는 정점이 최대 100 개로 충분히 통과가 된다.

보통 프림에서 어디에서부터 오는 지를 저장하는 정보는 첫 번째 거리 구할 때는 간선 정보를 삭제해야 하기 때문에 필요하지만, 두 번째 거리 구하는 프림에서는 간선 정보가 필요 없으므로 from 배열을 사용하지 않는다. 또한, 간선 정보를 하나 끊었을 경우, MST 를 구할 수 없는 끊김이 발생될 수 있다. 이때는 더 이상 수행하는 것이 무의미하므로 중간에 중단시킨다. 프림을 이용한 코드는 다음과 같다.

```
#include 〈iostream〉
#include 〈climits〉
#include 〈algorithm〉

using namespace std;

#ifdef _MSC_VER
#define min _MIN
#endif

int w[200][200];
int node, edge, second;

int sub_prim()
{
  int cost = 0,i, mi, mn, cnt = node-1;
  int dist[100];

  copy(w[0], w[0]+node, dist);
  dist[0] = -1;

  while (cnt) {
    // -1 이 아닌 최소값
    mn = 100000;
    for (i = 0; i 〈 node; i++) {
      if (dist[i] != -1 && mn 〉 dist[i]) {
        mn = dist[i] ;
        mi = i;
      }
    }

    cost += dist[mi];
    dist[mi] = -1;

    for (i = 0; i 〈 node; i++) {
      if (dist[i] 〉 w[mi][i]) dist[i] = w[mi][i];
    }
```

```
    --cnt;

    // 반드시 두번째 거리 값이 존재하므로 무한대로 정의한 값을
    // 넘어가면 중단하고 큰 값을 리턴해 준다.
    if (cost > 99999) return 99999;
  }

  return cost;
}

int prim()
{
  int cost = 0, t, i, mi, mn;
  int dist[100], save_w, from[100], cnt;

  cnt = node-1;
  copy(w[0], w[0]+node, dist);
  fill(from, from+node, 0);
  dist[0] = -1;

  while (cnt) {
    // -1 이 아닌 최소값
    mn = 100000;
    for (i = 0; i < node; i++) {
      if (dist[i] != -1 && mn > dist[i]) {
        mn = dist[i] ;
        mi = i;
      }
    }

    // 현재 거리 정보 저장
    save_w = dist[mi];

    // 현재 최소 거리를 무한대 값으로 변경
    // 즉, 간선을 끊는다.
    w[from[mi]][mi] = w[mi][from[mi]] = 99999;
```

```
      // 서브 프림 호출
      t = sub_prim();
      second = min(t, second);

      // 거리 정보, 선택 간선 정보 복원
      w[from[mi]][mi] = w[mi][from[mi]] = save_w;

      // 프림 알고리즘 계속 수행
      cost += dist[mi];
      dist[mi] = -1;

      for (i = 0; i < node; i++) {
        if (dist[i] > w[mi][i]) {
          dist[i] = w[mi][i];
          from[i] = mi;
        }
      }

      --cnt;
    }

    return cost;
}

int main()
{
    int i, n, first, v1, v2, len;

    cin >> n;

    while (n--) {
      cin >> node >> edge;

      for (i = 0; i < node; i++) {
        fill(w[i], w[i]+node, 99999);
        w[i][i] = 0;
```

```
    }

    for(i = 0; i 〈 edge; ++i) {
      cin 〉〉 v1 〉〉 v2 〉〉 len;
      w[v1-1][v2-1] = w[v2-1][v1-1] = len;
    }

    // MST 를 first 에 저장
    second = INT_MAX;
    first = prim();

    cout 〈〈 first 〈〈 " " 〈〈 second 〈〈 endl;
  }

  return 0;
}
```

Lesson7 Dijkstra

다익스트라는 하나의 시작 정점에서 다른 모든 정점으로 가는 최단 경로를 구하는 알고리즘이다. 다익스트라는 프림과 거의 같은 코드를 사용하므로 프림 다음에 다익스트라를 소개한다.

최단 경로를 구할 때 모든 정점에 대한 최단 경로를 다 구해야 한다면, 추후 설명될 플로이드 알고리즘을 사용해야 한다. 그러나, 플로이드는 $O(n^3)$ 으로 비교적 느린 알고리즘이므로, 문제가 단일 정점에 대해서만 구한 다거나, 시작 정점이 몇 개 되지 않는 경우에 사용한다.

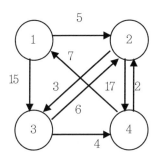

위와 같은 가중치 포함 방향 그래프에서 생각해보자. 현재 위치에서 내비게이션으로 다른 곳으로 가는 상황이라고 생각하면 될 것이다. 예를 들어, 1 번 위치에서 다른 곳으로 가는 최단 거리를 구하고, 그 경로도 구해보자. 일단 위의 그래프는 다음과 같은 입력 형식으로 입력될 것이다.

먼저 첫 줄에는 정점의 개수와 간선의 개수이며, 다음 줄부터는 간선의 개수만큼 각 줄마다 간선의 정보로 구성된다. 각 간선 정보는 출발점과 도착점, 간선의 가중치로 구성된다. 마지막 값은 구해야할 출발점과 도착점이다. 입력 데이터를 인접 행렬로 구성하면 다음과 같다.

	1	2	3	4
1	0	5	15	∞
2	∞	0	3	17
3	∞	6	0	4
4	7	2	∞	0

예를 들어, 출발점이 1 번 정점에서 다른 모든 정점으로 가는 최단 거리를 구한다고 가정해보자. 일단 출발점에서 가는 거리와 어디에서 오는지를 저장해준다.

	1	2	3	4
Distance	0	5	15	∞
From	1	1	1	1
Check	true	false	false	false

Distance 에는 1 에서 정점들로부터 오는 최단 거리가 저장될 것이며, From 은 현재 정점 바로 이전에 거치는 정점을 저장한다. Check 는 최단 거리를 구했는지 유무를 검사하게 된다.

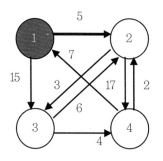

1 번 출발점에서 일단 갈 수 있는 정점 중 최단 거리를 먼저 찾으면, 2 번으로 가는 간선이 선택된다.

	1	2	3	4
Distance	0	5	15	∞
From	1	1	1	1
Check	true	false	false	false

배열에서는 Check[i] 값이 false 인 것들 중에서, Distance 값이 가장 작은 값을 찾으면 된다. 현재는 5 값을 갖는 2 번 정점이 구해진다. 이때, check[2] 의 값을 true 로 만들어 방문했음을 표시해준다.

다음으로, 현재 1 번 정점에서 2 번 정점으로 오는 간선을 통해 다른 정점으로 가는 값이 더 적으면 거리를 갱신해준다. 2 번 정점을 통해 다른 정점으로 가는 값은 현재 간선의 가중치인 5 와 인접행렬의 2 행을 더하여 구할 수 있다.

	1	2	3	4
*			8	22
Distance	0	5	15	∞
From	1	1	1	1
Check	true	true	false	false

위 표에서 '*' 가 표시된 곳은 Check 값이 false 인 방문되지 않은 정점들에 대해서 2 번 정점을 통해 다른 정점으로 가는 거리를 계산한 값이다. 위 표에서는 3 번과 4 번 정점에 해당되며 두 곳 모두 1 번 정점에서 바로 오는 것보다 2 번 정점을 거쳐서 오는 값이 더 좋다. 따라서 갱신한다.

	1	2	3	4
Distance	0	5	8	22
From	1	1	2	2
Check	true	true	false	false

갱신될 때는 From 도 동시에 갱신된다.

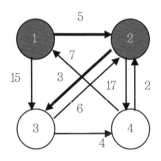

2 번 정점까지 거치고 가는 거리와 1 번 정점에서 바로 가는 거리 중 그 다음으로 최단 거리는 위와 같이 1 -> 2 -> 3 번으로 가는 간선을 이용하는 거리 8 이 된다. 역시, 표에서 본다면 Check[i] 값이 false 인 정점중 최단 거리는 8 값을 갖는 3 번 정점이다. 역시 다시 방문했으므로, Check[i] 값을 true 로 해주고 Distance 값을 갱신해주면 다음과 같이 된다.

	1	2	3	4
Distance	0	5	8	12
From	1	1	2	3
Check	true	true	true	false

3 번 정점에서 4 번 정점으로 가면, 1 에서 3 번 정점까지의 최단 거리가 더해져서 12 이며, 이전에 4 로 가는 거리보다 작으므로 갱신이 되었다. From 값도 역시 갱신된다.

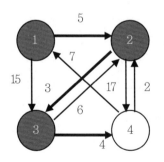

이번에는 마지막으로 4 로 오는 최단 경로 12 가 구해진다. From 배열을 이용하면 1
에서 4 로 오는 모든 중간 정점을 구할 수 있다.

	1	2	3	4
Distance	0	5	8	12
From	1	1	2	3
Check	true	true	true	true

마지막으로 오는 4 는 From[4] 에 저장된 3 에서 왔으며, 3 은 From[3] 에 저장된 2
에서 왔으며, 2 는 From[2] 에 저장된 1 로부터 왔다. 따라서, 이걸 역추적하여 전체
경로를 출력할 수 있다. 이전의 입력 예제를 이용한 다익스트라 코드를 살펴보자.

```cpp
#include <iostream>

using namespace std;

int m, n, start, end;
int a[100][100];
int distance[100];
int from[100];
bool check[100];
int path[100], cnt;

void dijkstra()
{
    int i, j, min, idx, sum = 0;

    // 출발점에서 처음 갈 수 있는 것으로 세팅
    for (i = 1; i <= n; i++) {
        distance[i] = a[start][i];
        from[i] = start;
    }
    // 출발점은 이미 방문한 것으로 처리
    check[start] = true;
```

```
// 찾고자 하는 도착점에 아직 도달 못한 경우 계속 처리
// 물론 출발점에서 모든 정점으로 가는 최단 거리를 구한다면
// while 문 대신, "정점 개수 - 1" 번을 for 로 돌리면 된다.
while (check[end] == false) {
  min = 999999999;

  // 현재 연결되어 있는 정점에서 최소 가중치의 정점 선택
  for (j = 1; j <= n; j++) {
    if (check[j] == false && min > distance[j]) {
      min = distance[j];
      idx = j;
    }
  }

  // 현재 선택된 정점을 방문하는 것으로 처리
  check[idx] = true;

  // 현재 선택된 정점에 대해서 distance 와 from 갱신
  for (j = 1; j <= n; j++) {
    if (check[j] == false && distance[j] > min+a[idx][j]) {
      distance[j] = min+a[idx][j];
      from[j] = idx;
    }
  }
}

// 출발점에서 도착점으로 오는 경로 역추적
path[cnt] = end;
while (from[path[cnt]] != path[cnt]) {
  path[++cnt] = from[path[cnt]];
}

// 경로 출력
cout << path[cnt];
for (i = cnt-1; i >= 0; i--) {
  cout << "-> " << path[i];
}
```

```
    cout << endl;

    // 출발점에서 도착점으로 오는 최단 거리 출력
    cout << distance[end] << endl;
}

int main()
{
    int i, j, x, y, z;

    // 데이터 입력
    cin >> n >> m;

    for (i = 1; i <= n; i++) {
        for (j = 1; j <= n; j++) {
            a[i][j] = 999999999; // 무한대 대신 세팅하는 값
        }
        a[i][i] = 0; // 정점에서 자신으로 가는 거리 = 0
    }

    // 간선 정보 입력
    for (i = 0; i < m; i++) {
        cin >> x >> y >> z;
        a[x][y] = z;
    }

    // 출발점과 도착점
    cin >> start >> end;

    // 다익스트라 호출
    dijkstra();

    return 0;
}
```

실행결과는 다음과 같다.

```
1-> 2-> 3-> 4
12
```

이제 다익스트라를 활용한 문제를 풀어보자.

Lesson8 UVA117 우편 배달부의 배달 경로

알고리즘은 컴퓨터 공학 분야의 중요한 부분이며, 역사는 적어도 오일러까지는 거슬러 올라간다. 쾨닉버그의 7 개의 다리 문제로도 잘 알려져 있다. 많은 최적화 문제는 그래프 관련 이론에 관계된 효율적인 방법을 선택하는 것이 포함된다.

이 문제는 우편 배달부의 약한 다리가 쉴 수 있도록 최소한의 거리만 걸어서 모든 우편물이 배달되도록 배달 경로 결정하는 문제이다. 주어진 정점을 연결하는 도로 데이터가 주어지면, 도로를 적어도 한번은 방문하는 최소 비용를 구해야 한다. 방문 경로는 동일한 정점에서 시작하고 끝나야 한다.

실제로는 정점에 하나의 트럭을 주차시킨 우편 배달부가 우편물 주소의 경로에 따라 모든 도로를 걸어서 방문하고, 다음 배달지로 가기 위해 트럭으로 돌아온다고 생각할 수 있다. 도로를 방문하는 비용은 도로의 길이가 된다. 이 비용은 집에 우편물을 배달하려고 걷거나 배달하지 않더라도 걸어가는데 드는 비용이다.

정점에서 만나는 도로의 개수를 정점의 차수라 부른다. 차수가 홀수인 점이 2 개 존재하며, 나머지 정점들은 홀수 등급은 모두 2 개의 교차점을 가질 것이며, 나머지는 모두 차수가 짝수이다.

입력

입력은 하나 이상의 배달 경로로 구성된다. 한 경로는 한 줄에 하나씩 문자열로 구성된 도로 이름들이 여러줄 입력되는 데이터로 구성된다. 한 경로의 끝은 "deadend" 문자열로 나타내며, 이 문자열은 경로에 포함시키지 않는다. 각 도로의 처음과 마지막 문자는 도로의 두 정점을 나타낸다. 도로 이름의 길이는 도로를 방문하는 비용이 된다. 모든 도로 이름은 소문자로 구성된다.

예를 들어, foo 라는 이름은 정점 f 와 o 를 잇는 도로이며, 길이는 3 이다. 그리고, computer 라는 이름은 정점 c 와 r 을 잇는 도로이며 길이는 8 이 된다. 동일한 정점을 잇는 도로는 존재하지 않으며, 두 정점을 직접 연결하는 도로는 하나만 존재할 수도 있다. 설명대로, 배달 경로에서 차수가 홀수인 정점은 2 개가 될 것이다. 각 배달 경로에서, 두 정점 사이에는 하나의 경로만 존재할 수 있다.

출력

각 우체국 경로마다, 최소 한번 이상 모든 도로를 방문하는 최소 여행 비용을 출력하여라. 최소 여행 비용은 입력된 배달 경로 순으로 출력해야 한다.

입력 예제

```
one
two
three
deadend
mit
dartmouth
linkoping
tasmania
york
emory
```

```
cornell
duke
kaunas
hildesheim
concord
arkansas
williams
glasgow
deadend
```

출력 예제

```
11
114
```

메모장

풀이

이 문제는 모든 도로를 방문해야 하며, 다시 시작점으로 돌아와야 한다. 먼저 모든 도로를 방문해야 하므로 모든 도로의 비용에다가, 차수가 홀수인 정점 중의 하나에서 출발하여 다른 홀수인 정점으로 돌아가는 최소 비용이 더해져서 전체 최소 비용이 구해진다.

차수가 홀수인 점을 2 개를 찾아야 하며, 이렇게 찾은 차수가 홀수 인점 하나에서 Dijkstra 알고리즘을 이용하여 다른 홀수인 점으로 돌아오는 최소 비용을 구하면 된다. 코드는 다음과 같다.

```cpp
#include <iostream>
#include <string>
#include <climits>
#include <algorithm>

using namespace std;

string str;
int w[26][26];
bool c[26];
int result;

void add() // 새로운 도로가 들어왔을 때, 추가하는 함수.
{
  int len = str.length();
  int a, b;
  a = str[0] - 'a';
  b = str[len-1] - 'a';

  // 한번은 반드시 방문해야 하므로
  // 모든 도로의 길이를 결과에 더한다.
  result += len;
  w[a][b] = w[b][a] = len;
```

```
    // 차수가 홀수인지 검사하는 변수
    // 홀수번 들어온 정점이면 true 가 된다.
    c[a] = !c[a];
    c[b] = !c[b];
}

int main()
{
  int i, j, mn, mi, a, b;
  int dist[26];

  while (cin >> str) {
    // 초기화
    fill(c, c+26, false);
    for(i = 0; i < 26; i++) fill(w[i], w[i]+26, 0);

    result = 0;
    add();

    while (cin >> str) {
      if (str == "deadend") break;
      add();
    }

    // 차수가 홀수인 두 점을 찾는다.
    a = b = -1;
    for (i = 0; i < 26; i++) {
      if (c[i]) {
        if (a == -1) a = i;
        else if (b == -1) b = i;
      }
    }

    // 무한대 세팅
    for(i = 0; i < 26; i++) {
      for(j = 0; j < 26; j++) {
```

```
      if (i != j && w[i][j] == 0) w[i][j] = 999999999;
    }
  }

  if (a !=-1 && b != -1) {
    // 출발점 a 의 거리로 초기화
    copy(w[a], w[a]+26, dist);
    dist[a] = -1;

    // dijkstra 로 a 에서 b 로 가는 최단 거리를 구한다.
    while (1) {
      mn = INT_MAX;
      for (i = 0; i < 26; ++i) {
        if (dist[i] != -1 && dist[i] < mn) {
          mn = dist[i];
          mi = i;
        }
      }

      if (mi == b) break;
      dist[mi] = -1;

      for (i = 0; i < 26; i++) {
        if (dist[i] > mn+w[mi][i]) dist[i] = mn+w[mi][i];
      }
    }
    // 차수가 홀수인 두 번째 정점으로 오는 최단 경로를 더해준다.
    result += dist[b];
  }
  cout << result << endl;
}

return 0;
}
```

Lesson9 UVA762 싸게 배타기

"싸게-배타기"패키지를 제공하는 회사는 항상 비용을 줄이는데 관심이 많다. 두 도시 사이의 최소 운항 경로를 결정하는 컴퓨터 운항 경로 계획안으로 패키지 운행의 속도를 높이고자 한다. "싸게-배타기"는 여러 도시에서 서비스 된다. 이들은 도시들 사이에 직접 운행 경로를 만들었다. 같은 거리를 갖는 모든 직접 연결을 생성을 가능하게 하는 것 자체가 다소 신기한 일이었다. 불행히도, 모든 도시들이 직접 연결로 연결되지 못하므로, 최소 운행 경로는 종종 여러 중간 도시들을 통과한다.

도시 정보와 그들 사이의 연결 정보, 운행 요청 정보를 입력받고, 운행 요청에 대한 최소 운행 경로를 출력하는 프로그램을 작성하여라.

 입력

입력은 여러 테스트 데이터로 구성된다. 각 테스트 데이터의 첫 번째 줄에는 간선 개수가 입력된다. 다음 줄 부터 개수만큼 두 개의 대문자로 구성된 도시 이름 2 개가 연결 정보로서 한 줄에 하나씩 입력된다. 연결 정보는 두 도시 사이의 존재하는 비방향 간선이다. 테스트 데이터의 마지막 줄에는 최소 운행 경로를 찾기 위한 출발 도시와 도착 도시가 입력된다. 입력은 모두 올바른 정보로만 구성된다. 각 테스트 데이터 간에는 빈 줄이 하나씩 존재한다.

입력으로 연결 정보의 개수가 입력되고, 연결 정보 다음에는 운행 요청에 대한 정보가 한 줄 입력된다. 운행 정보는 출발 도시와 도착 도시로 구성된다.

 출력

프로그램은 두 도시 사이의 최소 운행 경로를 출력하여라. 물론 같은 최소 운행 경로를 갖는 경로가 여러 개가 있을 수도 있다. 경로가 존재하지 않으면 "No route"를 출력하여라. 테스트 데이터의 결과들 사이에는 빈 줄이 하나씩 삽입되어야 한다.

입력 예제

```
3
JV PT
KA PT
KA HP
JV HP

2
JV PT
KA HP
JV HP
```

출력 예제

```
JV PT
PT KA
KA HP

No route
```

메모장

풀이

먼저 입력된 도시를 번호 인덱스로 변환하여, 거리 정보를 세팅해야 한다. 마지막에 경로를 다시 출력할 때는 도시 번호 인덱스에서 다시 이름으로 변환할 수 있어야 한다. 일반적으로는 문자열 배열과 도시 번호를 사용히여 이진 검색으로 도시 이름과 번호를 찾아서 사용할 수 있다. 그러나, 효율적인 방법으로 〈map〉 을 사용할 것이다. 〈map〉 에 대해서는 이 문제 바로 이어서 설명하겠다.

입력에서 서로 연결된 도시들의 거리는 1 로 세팅하고, 연결되지 않은 도시들은 무한대로 세팅하여 Dijkstra 를 이용하여 풀면 된다. 역추적에서는 경로 정보를 벡터에 집어넣어서 출력에 사용하였다.
거리 정보를 저장하는 배열은 최대 크기를 고려하여 short 를 사용하였다. 코드는 다음과 같다.

```cpp
#include <iostream>
#include <map>
#include <string>
#include <algorithm>
#include <memory.h>
#include <climits>
#include <vector>

using namespace std;

map <string, int> city;
map <int, string> number;
int cnt;

// 문자열로 입력된 도시가 이미 있으면 몇번째 도시인지 리턴하고
// 없는 도시라면 새로 삽입하여 번호를 부여하고 해당 번호를
// 리턴한다.
int numbering(string &x)
{
```

```
    if (city.find(x) == city.end()) {
      city[x] = cnt;
      number[cnt] = x;
      ++cnt;
    }

    return city[x];
}

int main()
{
    string a, b;
    int ia, ib, i, j, n, mn, mi;
    bool first = true;
    short w[676][676];
    int dist[676], from[676];
    vector<int> path;

    while (cin >> n) {
      cnt = 0;
      memset(w, 0, sizeof w);

      for (i = 0; i < n; i++) {
        cin >> a >> b;
        ia = numbering(a);
        ib = numbering(b);
        w[ia][ib] = w[ib][ia] = 1;
      }

      cin >> a >> b;
      ia = numbering(a);
      ib = numbering(b);

      // 연결 정보가 없는 간선들은 무한대로 세팅
      for (i = 0; i < cnt; i++) {
        for (j = 0; j < i; j++) {
          if (w[i][j] == 0) w[i][j] = w[j][i] = 9999;
```

```
    }
  w[i][i] = 0;
}

// Dijkstra
// ia 에서 ib 로가는최단거리를구한다.
copy(w[ia], w[ia]+cnt, dist);
fill(from, from+cnt, ia);
dist[ia] = -1;

for (i = 0; i < n-1; i++) {
  // 최소값찾기
  mn = INT_MAX;
  for (j = 0; j < cnt; j++) {
    if (dist[j] != -1 && dist[j] < mn) {
      mn = dist[j];
      mi = j;
    }
  }

  if (mi == 9999 || mi == ib) break;

  dist[mi] = -1;

  for (j = 0; j < cnt; j++) {
    if (dist[j] > mn+w[mi][j]) {
      dist[j] = mn+w[mi][j];
      from[j] = mi;
    }
  }
}

if (!first) cout << endl;

// 경로가 존재하지 않는 경우 출력
if (dist[ib] == 9999) cout << "No route" << endl;
else { // 경로가 존재하면 경로 역추적하여 출력
```

```
      path.push_back(ib);
      while (from[path.back()] != path.back())
        path.push_back(from[path.back()]);
      for (i = path.size()-2; i >= 0; i--) {
        cout << number[path[i+1]] << " " << number[path[i]]
            << endl;
      }
    }
    first = false;

    city.clear();
    number.clear();
    path.clear();
  }

  return 0;
}
```

Lesson10 Short 데이터형의 활용

일반적으로 정수형은 int 형을 사용하며, 실수형은 double 을 사용한다. 그런데, 이차원
배열과 같은 메모리가 큰 데이터인 경우, 메모리량은 알고리즘 속도에도 영향을 끼치게
된다. 이전 문제 UVA762 에서는 도시이름이 영문자 2 자로 구성되므로 (A~Z)*(A~Z)
가 되어 26 * 26 = 676 개의 도시가 존재할 수 있다. 2 차원 배열로 도시간의 간선
정보를 저장하므로 이차원 배열 676*676 크기의 메모리가 필요하다.

[676][676] 은 일단 크기만 해도, 456,976 바이트에 해당한다. int 형을 사용하면
4*456,976 = 1,827,904 바이트로서 약 2M 를 소모하게 된다. 이 문제에서는 도시간의
거리를 1로 설정할 수 있으므로, 최대 중간에 거치는 도시가 676 개라고 해도 최대 677
로 저장될 수 있다.

char = −128 ~ 128
short = −32,768 ~ 32,767
int = −2,147,483,648 ~ 2,147,483,647
long long int = −9,223,372,036,854,775,808 ~ 9,223,372,036,854,775,807

위의 데이터형 별 범위는 정수형으로 사용할 수 있는 데이터 형들이다. 물론, long long int 형은 DC 나 Visual C++ 7.0 이상의 버전에서 사용할 수 있다. VC6 에서는 __int64 로 사용해야 한다. 이에 대한 설명은 1권 C++편을 참고하기 바란다.

우리가 사용할 범위는 0 ~ 676 이므로 short 로 충분히 사용할 수 있다. 우리가 short 형을 사용하게 되면 하나의 데이터는 2 바이트를 사용하게 되므로, 676*676*2 = 913,952 바이트를 사용하게되어, int 형을 사용할 때보다 반으로 줄게되어, 알고리즘 속도도 개선된다. UVA762 문제에서도 short 형을 적용하여 풀었다.

따라서, 저장될 데이터의 크기를 고려하여 배열과 같은 큰 사이즈를 사용할 경우 적절한 데이터형의 선택이 알고리즘의 속도를 높일 수 있다.

Lesson11 map

map 은 힙 상태로 트리를 유지하면서, 각 노드에 값을 저장할 수 있는 구조로 이루어져 있다. vector 나 deque 는 value 값만 저장하지만, map 은 달리 key 와 value 를 사용한다. 트리의 각 노드를 구분하는데 사용되는 것이 key 이며, 노드에 저장되는 값이 value 가 된다. 따라서, key 와 value 에 적절한 데이터형을 설정해주어야 한다.

map 은 키의 중복을 허용하지 않는 일반 map 과 키의 중복을 허용하는 multimap 을 지원한다. multimap 은 중복된 키를 갖기 때문에 유일한 키에 값을 저장하는 기능이 지원되지 않는다. 그러나, map 의 경우는 유일한 키에 값을 저장할 수 있는 기능을 지원한다. map 은 ⟨map⟩ 을 #include 해야 사용할 수 있다. 일단 값을 새로 삽입하고 값을 변경하는 간단한 코드를 살펴보자.

```cpp
#include ⟨iostream⟩
#include ⟨map⟩
#include ⟨string⟩

using namespace std;

int main()
{
  map ⟨string, int⟩ a;

  // 최초의 키 "abc" 에 값이 10 으로 삽입된다.
  a["abc"] = 10;
  cout ⟨⟨ a["abc"] ⟨⟨ endl;

  // 이미 있는 키 "abc" 의 값을 20 으로 바꾼다.
  a["abc"] = 20;
  cout ⟨⟨ a["abc"] ⟨⟨ endl;

  // 키 "abc" 에 저장된 값에 20 을 더해준다.
  a["abc"] += 20;
  cout ⟨⟨ a["abc"] ⟨⟨ endl;

  // "def" 는 현재 없는 키로서 0 인 값이 삽입되고 나서
  // "def" 에 저장된 키의 값 0 이 출력된다.
  cout ⟨⟨ a["def"] ⟨⟨ endl;

  return 0;
}
```

map 은 이처럼 배열과 같이 사용가능하며, 인덱스는 키로 정한 데이터형을 사용할 수 있다. 위의 예제에서는 string 형을 키로 정하고 value 는 int 형으로 정하고 사용한 것이다.

UVA762 문제에서는 도시 이름과 도시 번호를 키와 value 로 사용한 하나의 map 과 반대로 도시 번호를 키로 사용하고 이름을 value 로 사용한 두 번째 map 을 정의하여 사용한다. 처음에는 도시 이름으로 도시 번호를 얻어야 하지만, 나중에 역추적하여 경로를 출력할 때에는 도시 번호에 맞는 도시 이름을 다시 출력해야 한다. map 을 사용하면 키의 경우는 따로 for 와 같은 반복문을 사용하여 일일히 검사할 필요없이 바로 사용할 수 있다. 내부적으로 구현은 힙 정렬이나 이분 검색 등의 최적으로 방법으로 검색하겠지만, 우리는 단지 배열 사용하듯이 해당하는 키의 값을 얻어오는 것만 생각하면 된다.

map 에서 지원하는 여러 함수 중에서 잘 사용되는 것만 좀 더 알아보자.

함수	기능
count(key);	Key 와 같은 키 값을 갖는 노드의 개수를 알려준다. multimap 에서 사용된다.
find(key);	key 값이 현재 존재하는지를 알 수 있다. 없는 경우는 end() 값이 리턴된다.

multimap 은 중복을 허용하므로 동일한 키 값을 갖는 노드가 여럿일 수 있기 때문에, count 로 개수를 구할 수 있다. map 의 경우에는 키가 존재하면 count 결과가 1 이고, 그렇지 않으면 0 값을 갖는다. map 에 무작정 키를 삽입하기 보다 이미 있는 경우 삽입하지 않으려면 find 함수를 사용할 수 있다. find 함수 사용은 이전 UVA762 문제의 풀이에서 도시 이름을 찾는데 사용되었으므로 참고하기 바란다.

Part 7 Floyd

Lesson1 Floyd

Dijkstra 는 특정 출발점에서 다른 정점으로 가는데 유용한 알고리즘인데 반해, Floyd 알고리즘은 모든 정점에서 다른 모든 정점으로 가는 최단 경로는 구하는 알고리즘이다. 단점은 $O(N^3)$ 시간이 걸린다는 점이다. 다시 말해서, 정점의 개수가 1,000 개면 $1,000 \times 1,000 \times 1,000 = 1,000,000,000$ 만큼이 실행되며, 실제 시간으로는 2 초 정도가 소모된다. Dijkstra 로 풀어야 되는 문제를 Floyd 로 풀 수 있지만, 정점의 최대 개수와 시간 제한 내에서만 사용할 수 있다. Floyd 는 정점과 간선을 이용하는 그래프 이론이면서, 이전 정보를 이용하므로 동적 계획법에 속한다. Floyd 의 기본 개념은 i 번 정점에서 j 번 정점으로 가는데 중간 기점으로 k 정점을 거치고 가는 값이 더 작으면 갱신해주는 것이다.

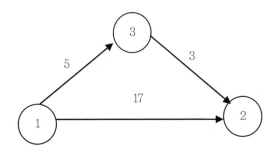

위의 그림에서 1 에서 2 로 가는 최단 경로는 1 에서 2 로 바로 가는 거리 17 보다는 3 을 거쳐가는 거리가 8 로 더 작다. 이때 중간 기점을 저장해두면, 추후 경로 출력에도 이용할 수 있다.

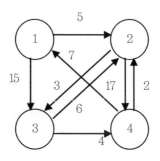

위 그래프의 입력 형식은 아래와 같이 정의된다.

```
4 8
1 2 5
1 3 15
2 3 3
2 4 17
3 2 6
3 4 4
4 1 7
4 2 2
1 4
```

첫 번째 줄에는 정점의 개수와 간선의 개수가 입력된다. 다음 간선 개수 만큼 간선의 정보가 한 줄씩 입력된다. 간선 정보는 출발점, 도착점, 가중치로 구성된다. 마지막으로 출력해야할 출발점과 시작점이 입력된다. 입력 데이터에 대한 인접 행렬은 다음과 같다.

	1	2	3	4
1	0	5	15	∞
2	∞	0	3	17
3	∞	6	0	4
4	7	2	∞	0

w 배열

이 인접 행렬의 배열을 w 라고 하고, 중간 정점을 저장할 배열은 p 배열이라 하자. p 배열은 모두 0 으로 초기화해준다.

	1	2	3	4
1	0	0	0	0
2	0	0	0	0
3	0	0	0	0
4	0	0	0	0

p 배열

이제 중간 기점을 1 번 정점으로 해서 방문되는 모든 경우를 구하면 두 배열은 다음과 같이 갱신된다.

	1	2	3	4
1	0	5	15	∞
2	∞	0	3	17
3	∞	6	0	4
4	7	2	22	0

w 배열

	1	2	3	4
1	0	0	0	0
2	0	0	0	0
3	0	0	0	0
4	0	0	1	0

p 배열

나머지 정점들도 중간 정점으로 모두 사용하여 w 와 p 배열을 갱신하면 최종적으로 다음과 같이 수정된다.

	1	2	3	4
1	0	5	8	12
2	14	0	3	7
3	11	6	0	4
4	7	2	5	0

w 배열

	1	2	3	4
1	0	0	2	3
2	4	0	0	3
3	4	0	0	0
4	0	0	2	0

p 배열

이제 1 에서 4 로 가는 최단 경로는 w[1][4] 에 저장된 12 이다. 경로는 1 에서 4 로 가는데 중간 기점으로 p[1][4] 에 저장된 3 을 사용했다는 것을 알 수 있다. 만일 p[1][4] 에 저장된 값이 0 이라면 중간 기점없이 바로 간다는 것을 나타낸다.

1 -> 3 -> 4

이때 다시 1 에서 3 으로 올 때 중간 기점 p[1][3] 과 3 에서 4 로 가는 중간 기점 p[3][4] 를 검사해야 한다. 1 에서 3 으로 올 때 중간 기점 2 를 사용하므로 최종적인 경로는 다음과 같다.

1 -> 2 -> 3 -> 4

이제 플로이드 코드를 살펴보자.

```cpp
#include <iostream>

using namespace std;
```

```
int m, n, w[100][100], p[100][100];
int start, end;

void path(int i, int j)
{
  if (i != j && p[i][j] != 0) {
    // 출발점에서 중간 정점 사이에 다시 검색
    path(i, p[i][j]);
    // 중간 정점 출력
    cout << " -> " << p[i][j];
    // 중간 정점에서 도착점으로 가는 경로 다시 검색
    path(p[i][j], j);
  }
}

void Floyd()
{
  int i, j, k;

  // 중간 기점 k 를 1 부터 n 까지 모두 고려
  for (k = 1; k <= n; k++) {
    // 출발점 i 에서
    for (i = 1; i <= n; i++) {
      // 다른 모든 정점으로 가는 경로를 갱신한다.
      for (j = 1; j <= n; j++) {
        // i 에서 j 로 가는 거리보다 k 를 거치고 가는
        // 거리가 작으면 갱신
        if (w[i][j] > w[i][k]+w[k][j]) {
          w[i][j] = w[i][k]+w[k][j];
          // 중간 정점을 p 에 저장해준다.
          p[i][j] = k;
        }
      }
    }
  }
}
```

```cpp
  // 경로 출력
  cout << start;
  path(start, end);
  cout << " -> " << end << endl;

  // 최단 거리 출력
  cout << w[start][end] << endl;
}

int main()
{
  int i, j, x, y, z;

  // 초기화
  cin >> n >> m;
  for (i = 1; i <= n; i++) {
    for (j = 1; j <= n; j++) {
      w[i][j] = 99999999; // 무한대 대신 세팅하는 값
    }
    w[i][i] = 0; // 자신에게 오는 거리는 0
  }

  // 데이터 입력
  for (i = 0; i < m; i++) {
    cin >> x >> y >> z;
    w[x][y] = z;
  }

  // 출력할 출발점과 도착점
  cin >> start >> end;

  // 플로이드 호출
  Floyd();

  return 0;
}
```

실행결과는 다음과 같다.

```
1 -> 2 -> 3 -> 4
12
```

 Lesson2 UVA104 외환 거래

금융 산업에서 컴퓨터 보급으로 인해, 최근 많은 월 스트리트 회사들의 아주 미세한 시세 차익을 얻도록 설계된 불법적인 거래 프로그램 사용이 최근 논란의 대상이 되고 있다. 컴퓨터 프로그래밍의 도덕성이 논란 거리로 부각되고 있다.

외환 거래는 이익을 얻기 위해 여러 통화 수단 사이에 환전 비율의 시세 차익을 이용하여 하나의 통화 수단을 다른 통화 수단으로 바꾸는 것이다. 예를 들어, 미국 돈 1 달러로 영국 돈 0.7 파운드를 사고, 영국 돈 1 파운드는 프랑스 돈 9.5 프랑을 사며, 프랑스 돈 1 프랑은 미국 돈 0.16 달러를 산다면, 외환 딜러는 1 달러로 시작해서 1×0.7×9.5×0.16 = 1.064 달러를 벌 수 있다. 따라서, 6.4 퍼센트의 시세 차익을 얻을 수 있다.

방금 설명한 이익을 얻기 위한 통화 수단의 환전 순서를 결정하는 프로그램을 작성해야 한다. 성공적인 외환 거래가 되기 위해서는, 환전 순서의 시작과 끝은 동일한 통화 수단으로 구성해야 한다. 단, 환전을 시작할 초기 통화 수단은 어떤 것을 골라도 상관없다.

 입력

입력은 여러 개의 환전 표로 구성된다. 각 테이블마다 성공적인 외환 기래 결과를 출력해야 한다.

각 테이블은 2 차원 구조 n * n 으로 크기를 나타내는 n 이 먼저 입력된다. 테이블의 크기는 2 이상 20 이하이다.

테이블은 첫 번째 행의 첫 번째 열에서 출발하는 1.0 의 값을 갖는 대각선 원소들은 생략한 채 입력된다. 첫 번째 행에는 1 번 국가와 n−1 개의 다른 국가들 사이의 환전 비율을 표현한 데이터가 들어 있다. 이 환전 비율은 2 <= i <= n 범위에 속하는 i 번째 국가가 1 번 국가의 통화량을 기준으로 해서 지불하는 금액의 비율을 나타낸다.

각 테이블은 n+1 개 줄로 구성된다. 첫 번째 줄에는 n 이 입력되고, n 개 줄에 걸쳐서 환전 테이블이 입력된다.

 출력

입력의 각 테이블에 대해서 1% (0.01) 보다 높은 이익을 내는 환전 순서가 존재하는지를 검사해야 한다. 그러한 환전 순서가 존재하는 경우, 이익을 내는 순서 그대로 출력한다. 1% 보다 높은 이익을 내는 순서가 두 가지 이상이면, 가장 짧은 길이의 순서를 출력해야 한다. 즉, 가장 작은 국가 수로 이익을 내는 경우가 해당된다.

n * n 행렬의 테이블에서 n 개나 n 보다 적은 수로 구성되는 이익을 내는 순서를 사용한다. 1 2 1 의 순서는 두 번의 교환을 나타낸다.

이익을 내는 순서가 존재하면, 그 순서 그대로 출력해야 한다. 순서는 환전 테이블의 i 번째 줄을 나타내는 번호 i 부터 출력한다. 번호 i 는 이익을 내는 순서의 첫 번째 국가 번호 이기도 하다. 순서의 가장 마지막 정수도 역시, 첫 번째 국가로 끝나야 한다.

n 개의 순서나 n 개 이하의 국가 개수로 이익이 발생되지 않는다면, 다음의 메시지를 출력한다.

no arbitrage sequence exists

입력 예제

```
3
1.2 .89
.88 5.1
1.1 0.15
4
3.1      0.0023     0.35
0.21     0.00353    8.13
200      180.559    10.339
2.11     0.089      0.06111
2
2.0
0.45
```

출력 예제

```
1 2 1
1 2 4 1
no arbitrage sequence exists
```

풀이

시작 국가에서 중간 국가들을 거쳐서 도착 국가로 오는 이런 문제는 i 국가에서 j 국가로 오는데 중간에 k 국가를 거치는 Floyd 를 적용해서 풀 수 있다. 단, 문제에서 주어진 조건에 따라 처리해야 한다. 동적 배열 d 의 의미는 다음과 같다.

d[i][j][k] : j 국가에서 k 국가로 변환하는데 중간에 거치는 국가 개수가 i 일 때 얻는 최대 값.

점화식은 다음과 같다.

d[i][j][k] = max(d[i][j][k], d[i-1][j][l] * a[l][k])
$(1 \le i < n, 0 \le j < n, 0 \le k < n, 1 \le l < n)$

즉, 중간 국가 중 마지막 국가로 l 번 국가를 적용하는 값 중 최대 값은 j 에서 l 번 국가까지 중간 국가로 i-1 개를 사용한 최대 값(d[i-1][j][l]) 에 마지막에 l 에서 k 로 오는 값(a[l][k])으로 계산된다. 코드는 다음과 같다.

```cpp
#include <iostream>
#include <algorithm>

using namespace std;

int main()
{
  int n, i, j, k, l, p[20][20][20];
  double d[20][20][20], a[20][20];

  while (cin >> n) {
    for (i = 0; i < n; ++i) {
      for (j = 0; j < n; ++j) {
        // 자신은 1.0 으로 세팅
```

```
      if (i == j) a[j][i] = 1;
      // 나머지 국가는 데이터 입력
      else cin >> a[j][i];
   }
}

for (i = 0; i < n; ++i) copy(a[i], a[i]+j, d[0][i]);

// 중간에 거치는 개수 i
for (i = 1; i < n; ++i) {
  for (j = 0; j < n; ++j) {
    for (k = 0; k < n; ++k) {
      // j 에서 시작해서 중간에 0 ~ n-1 개 국가를 거치고 k 로
      // 오는 결과 중 가장 큰 값을 구한다.
      d[i][j][k] = d[i-1][j][0] * a[0][k];

      // p 경로 배열에는 중간에 거치게 된 국가를 저장한다.
      p[i][j][k] = 0;

      for (l = 1; l < n; ++l) {
        if (d[i][j][k] < d[i-1][j][l] * a[l][k]){
          d[i][j][k] = d[i-1][j][l] * a[l][k];
          p[i][j][k]=l;
        }
      }

      // 시작점과 끝점이 같은 j == k 이고, 1.01 보다 큰 경우
      // 멈춘다.
      if (j == k && d[i][j][k] > 1.01) break;
    }

    // 중간에 멈춘 경우 리턴
    if (k < n) break;
  }

  // 중간에 멈춘 경우 리턴
  if (j < n) break;
```

```
    }

    // 거친 중간 개수가 n-1 개 이하면 결과 출력
    if (i < n) {
      // 역추적
      cout << j+1 << ' ';

      while (i > 0) {
        cout << p[i][j][k]+1 << ' ';
        k = p[i][j][k];
        --i;
      }
      cout << j+1 << endl;
    }
    else cout << "no arbitrage sequence exists" << endl;
  }
}
```

▶ Lesson3 UVA544 무거운 짐

존슨 대형 트럭 회사는 큰 트럭을 제조하는 특수한 회사이다. 마지막 모델인 고질라 V12
는 나를 수 있는 짐의 무게의 한계가 없을 만큼 대형이다. 단, 운전하는 경로 상의
도로의 무게 제한에 규제를 받는다.

출발 도시와 도착 도시가 주어지면, 두 도시 사이에 존재하는 도시들 중에서 고질라 V12
가 최대로 실을 수 있는 무게를 결정해야 한다.

입력

입력은 여러 테스트 데이터로 구성된다. 각 테스트 데이터의 첫 번째 줄에는 두 개의 정수가 입력된다. 도시의 수 n 과 도로망을 형성하는 간선 도로의 개수 r 이다. n 의 범위는 2 ~ 200 이며, r 의 범위는 1 ~ 19,900 이다.

다음 r 개 줄에는 간선 도로로 연결된 두 도시의 이름과 도로의 무게 제한이 입력된다. 이름은 30 자 이하의 문자로 구성되며, 공백은 포함되지 않는다. 무게 제한은 0 ~ 10,000 사이의 정수 값으로 입력된다. 도로는 모두 쌍방향 도로이다.

마지막 줄에는 출발 도시와 도착 도시 이름이 포함된다.

입력은 n 과 r 의 값에 모두 0 이 입력되면 끝난다.

출력

각 테스트 데이터에 대해서, 세 줄을 출력한다.

- 테스트 데이터의 번호를 x 라 하면, "Scenario #x" 로 한 줄 출력한다.
- 가능한 최대 적재량이 y 면, "y tons" 로 한 줄 출력한다.
- 빈 줄을 한 줄 출력한다.

입력 예제

```
4 3
Karlsruhe Stuttgart 100
Stuttgart Ulm 80
Ulm Muenchen 120
Karlsruhe Muenchen
5 5
Karlsruhe Stuttgart 100
Stuttgart Ulm 80
Ulm Muenchen 120
```

```
Karlsruhe Hamburg 220
Hamburg Muenchen 170
Muenchen Karlsruhe
0 0
```

 출력 예제

```
Scenario #1
80 tons

Scenario #2
170 tons
```

메모장

풀이

이 문제는 이전 문제처럼 도시 이름을 인덱스로 변환하는 과정이 필요하다. 역시 〈map〉을 사용하여 간편하게 변환할 수 있다. Floyd 를 응용하여 i 에서 j 로 가는 길 중에 최소 값 중 최대를 구해야 한다. 따라서, min(w[i][k], w[k][j]) 로 최소값을 구하고, 그 중에 최대값으로 구해진다. 코드는 다음과 같다.

```cpp
#include <iostream>
#include <algorithm>
#include <string>
#include <cstdlib>
#include <map>

using namespace std;

int cnt;
map <string, int> city;

int getCity(string & a)
{
  if (city.find(a) == city.end()) city[a] = cnt++;

  return city[a];
}

int main()
{
  int n, r, i, j, k, t, cases = 0;
  string a, b;
  int ia, ib, load;
  int w[201][201]={0,};

  while (cin >> n >> r) {
    if (n == 0) break;
```

```
    cnt = 0;
    memset(w, 0, sizeof w);

    while (r--) {
      cin >> a >> b >> load;

      ia = getCity(a);
      ib = getCity(b);
      w[ia][ib] = w[ib][ia] = load;
    }

    // Floyd 가 돌아가는 부분
    for (k = 0; k < cnt; k++) {
      for (i = 0; i < cnt; i++) {
        for (j = 0; j < i; j++) {
          t = min(w[i][k], w[k][j]);
          if (w[i][j] < t) w[i][j] = w[j][i] = t;
        }
      }
    }

    cin >> a >> b;
    ia = getCity(a);
    ib = getCity(b);

    cout << "Scenario #" << ++cases << endl;
    cout << w[ia][ib] << " tons" << endl << endl;

    city.clear();
  }
  return 0;
}
```